住房城乡建设部土建类学科专业"十三五"规划教材
全国高职高专房地产类专业系列规划实用教材

房地产营销综合实训（第二版）

主　编　陈林杰　周正辉
副主编　吕正辉　蒋　英　康媛媛

中国建筑工业出版社

图书在版编目（CIP）数据

房地产营销综合实训/陈林杰，周正辉主编.—2版.—北京：中国建筑工业出版社，2017.1
住房城乡建设部土建类学科专业"十三五"规划教材.全国高职高专房地产类专业系列规划实用教材
ISBN 978-7-112-20373-4

Ⅰ.①房… Ⅱ.①陈…②周… Ⅲ.①房地产-市场营销学-高等职业教育-教材 Ⅳ.①F293.35

中国版本图书馆CIP数据核字(2017)第023493号

本书是根据房地产营销职业标准和精品课程"房地产营销与策划"的实践教学改革与实训经验编写而成，是培养房地产专业四大核心能力（房地产开发与经营、房地产营销与策划、房地产经纪实务、房地产估价）之一"房地产营销与策划能力"的专用实训教材。全书根据最新行业动态和最新房地产营销知识，以房地产项目的全程营销业务过程为主线，系统安排了房地产营销项目背景与市场分析、房地产项目营销战略策划、房地产项目营销策略组合策划、房地产项目楼盘营销组织与计划、房地产项目楼盘营销计划实施、房地产项目楼盘营销业绩分析等七个实训环节，每个实训环节由实训技能要求、实训步骤、知识链接与相关案例、实施要领与相关经验、作业任务及作业规范、实训考核等组成，注重工匠精神的养成，并安排了房地产营销综合实训的准备工作内容，包括实训目标、实训组织、实训软件、实训过程管理等。同时，本书在综合实训的基础上设计了房地产营销业务技能竞赛，包括竞赛目标、竞赛内容、竞赛规则、竞赛组织、竞赛过程管理、竞赛实施过程步骤等内容，重点突出了房地产项目营销策略和销售流程，注重工匠精神的体现，趣味性、可学性和可用性强。

本书不仅可作为房地产类专业、建筑工程管理及相关专业的实训教材，亦可作为房地产企业、营销代理公司岗位培训、技能竞赛、资格证书考试用书，还可作为从业人员的实践参考书。

责任编辑：郦锁林 毕凤鸣 吴越恺
责任校对：李美娜 李欣慰

住房城乡建设部土建类学科专业"十三五"规划教材
全国高职高专房地产类专业系列规划实用教材
房地产营销综合实训（第二版）
主 编 陈林杰 周正辉
副主编 吕正辉 蒋 英 康媛媛

*

中国建筑工业出版社出版、发行（北京海淀三里河路9号）
各地新华书店、建筑书店经销
北京红光制版公司制版
北京建筑工业印刷厂印刷

*

开本：787×1092毫米 1/16 印张：11¼ 字数：263千字
2017年6月第二版 2017年6月第二次印刷
定价：**28.00**元
ISBN 978-7-112-20373-4
(29895)

版权所有 翻印必究
如有印装质量问题，可寄本社退换
（邮政编码 100037）

第二版前言

根据我国房地产行业企业的发展，房地产专业应该着重培养学生四大核心能力，即房地产开发与经营能力、房地产营销与策划能力、房地产经纪实务和房地产估价能力，相应地应该开发出综合实训配套教材。《房地产营销综合实训》是其中之一培养"房地产营销与策划能力"的专用实训教材。

《房地产营销综合实训》的定位与内容。本教材定位于培养大学生的房地产专业技能水平，毕业后能够从事房地产项目营销的基本工作。本教材根据最新房地产行业企业动态和最新房地产营销知识，紧扣企业实践，以房地产项目的全程营销工作过程为主线，系统安排了房地产营销项目背景与市场分析、房地产项目营销战略策划、房地产项目营销策略组合策划、房地产项目楼盘营销组织与计划、房地产项目楼盘营销计划实施、房地产项目楼盘营销业绩分析等七个实训环节，每个实训环节由实训技能要求、实训步骤、知识链接与相关案例、实施要领与相关经验、作业任务及作业规范、实训考核等组成，注重工匠精神的养成；并安排了房地产营销综合实训的准备工作内容，包括实训目标、实训组织、实训软件、实训过程管理等。同时，本书在综合实训的基础上设计了房地产营销业务技能竞赛，包括竞赛目标、竞赛内容、竞赛规则、竞赛组织、竞赛过程管理、竞赛实施过程步骤等内容，重点突出了房地产项目营销策略和销售流程，趣味性、可学性和可用性强，达到提高大学生的房地产专业技能水平、领悟工匠精神，能够从事房地产项目营销工作之目的。

本教材主要特色。突出了职业标准、职业技能与工匠精神的结合，重点编写了房地产楼盘营销的策略与操作思路、程序。①逻辑新。本教材以房地产项目的全程营销工作过程为主线，精心布局房地产营销业务的技能点。②内容新。本教材实训内容大都是取材于2011年以后房地产行业发生的案例，紧扣了房地产行业的最新动态，吸收了最新科研成果以及"互联网+"内容。③案例多。本教材收集了较多的品牌企业第一手案例，其中一些是微型案例，这些案例绝大部分是房地产企业在项目营销实践中可能要面对的。④操作性强。本教材重点突出了操作思路、操作策略以及操作流程。⑤趣味性强。本教材在综合实训的基础上设计了房地产营销业务技能竞赛，有助于提高学生掌握技能的兴趣和技巧，更好领悟工匠精神。⑥提供了切实可行的教学建议。包括学时安排、教学组织与考核方法。

房地产行业是快速发展的行业，编出一部指导实践的实训教材是很困难的。虽然编者已经做了许多努力，力图使《房地产营销综合实训》做得更好，但限于编者的能力和水平，教材中的缺点和错误在所难免，敬请各位同行、专家和广大读者批评指正，以使教材日臻完善。

要特别强调的是，国内各高校任"房地产营销"课程教学的同行给了我很多启迪和帮助，如果说本书有一点点进步的话，那么也是站在他们肩上的缘故，在此表示由衷的感谢。尤其让我感动的是，许多房地产同行和企业专家参与了本系列教材的编写：

宋春兰、何红、赵振淇、田旭；贾丽、徐成林、周柱武；黄荣萍、陈龙；李中生；周正辉、李本里、杜转萍、韩华丽、尹爱飞、费文美；康媛媛、全利、文娟娟、高倩、余佳佳；吴义强、许欢欢、杨渝清、郑寒英、闫蕾、郑寒英、李玉洁；易忠诚、向小玲、孙艳；封永梅、张雪梅、杨燕、孙婷婷、刘国杰；徐琳；王园园、吴莉莉、田慧；杨帆、王华蓉、赵为民；崔发强、杨晓华、辛振宇、鞠好学、王燕燕；田明刚、刘永胜、黄健德、吕正辉、赵素萍；朱其伟、宫斐、曾丽娟；吴洋滨、李卉欣、宁婵、隆林宁、张义斌；黄薇、买海峰、黄国全、庞德忠、马云；覃芳、杨盈盈、余彬、万建国、程沙沙；陈亮、吴彬宇；李海玲、闵海波；蒋英、裴国忠、熊亮亮、李敏；蒋丽、易飞、徐秋生、徐心一；刘雅婧、余凡、余阳梓；李国蓉、于永建、袁韶华、年立辉；陈静、蔡倩、郭晟、杨敏；戎晓红、徐强、张艳球；何宗花、杨婵玉、赵小旺、唐韦、赖冬英；廖晓波、雷华、陶全军、李春云、陈健；李兆允、康燕燕；许秀娟、梁春阁、毛桂平、陈杰红；张炳信、刘贞平、万磊、纪倩、朱秋群、李金保；马建辉、李凯、姜蕾；魏华洁、徐合芳、马明明、王辉、闫瑞君；隋昕禹、哈申高娃、王淑红、崔保健；王晓辉、高为民、靳晶晶、孔德军；张雪玉；薛文婷；汪燕、陶潜毅、吴飞、秦焕杰、吴凤丽、袁敏；郭媛媛、贾俊妮、朱丽夏；刘丽云、徐莎莎；张蕾、赵龙彪、陶杨；贾忠革、张妍妍、王萍、谭明辉、孙丰艳、石海均；栗建、刘昌斌、王晓华、张东华、王珣；栾淑梅、王莹、王雪梅、闫旭；刘燕玲、吴涛、王永洁、范海舟、牛敏；海商容、李善慧、井凤娟、段永萍；曾健如、王安华、左根林、朱小艳、舒菁英、雷云梅；曾福林、张弛、罗少卿；李伟华、赵雪洁、房荣敏、薛松、龚鹏腾、余杰；洪媛、吕灏；高志云、黄庆阳、邵志华；陈园园、吴淑科、庄丽琰、刘艳伟；魏爱霞；林澜、杨蕾颖、徐捷；陈小平、徐燕君、余霜、李娜；王剑超、李海燕、周莉、任颖卿；冯力、李娇、刘波；汪洋、陈基纯、李丹；佟世炜、徐春波；黄平、武会玲；刘丽、郑伟俊、鲁杨、刘晶、郑晓俐、谭心燕；王明霞、田颖；周志刚、邓蓉晖；张平平、徐敏；冯倩、黄卫东、袁伟伟、何兴军、何兰、陈晓宇、钟幼茶、陆杭高；傅玳、白蓉、倪敏；黄国辉；申燕飞；彭建林；王南、樊群、张家颖、范婷、崔苏卫、钟廷均。

我已经毕业的房地产专业学生朱军华、李甜、李忠伟等与我一起探讨房地产营销实战方法，并提供了一些案例、给了我很多很好的建议。同时，本书也少量引用了网上一些相关资料，有可能会疏漏备注，在此表示歉意并致以由衷的谢意。此外，还要感谢南京工业职业技术学院"房地产营销与策划"精品课程团队的大力支持，以及中国建筑经济学会、中国建筑工业出版社的领导和编辑的大力支持。

编者联系邮箱：1927526399@qq.com。全国房地产经营与估价专业委员会QQ群号：282379766。全国大学生房地产经营管理大赛QQ群号：108820287。

编者

2017年1月于南京

第一版前言

房地产专业随着我国房地产行业发展而成为热门专业，各高校该专业的招生情况都比较好。随着我国房地产行业企业的发展，房地产专业应该着重培养学生四大核心能力，即房地产开发与经营能力、房地产营销与策划能力、房地产经纪实务和房地产估价能力，相应地开发出综合实训配套教材。《房地产营销综合实训》是其中之一培养"房地产营销与策划能力"的专用实训教材。

《房地产营销综合实训》的定位与内容。本教材定位于培养大学生的房地产专业技能水平，毕业后能够从事房地产项目营销的基本工作。教材根据最新房地产行业企业动态和房地产营销知识，紧扣企业实践，以房地产项目的全程营销工作过程为主线，系统安排了房地产营销项目背景与市场营销环境分析、房地产项目市场分析与营销战略策划、房地产项目营销策略组合策划、房地产项目楼盘营销计划与组织、房地产项目楼盘营销计划执行与销售控制管理、房地产项目楼盘销售业绩分析与售后服务等七个实训环节，每个实训环节由实训技能要求、实训步骤、知识链接与相关案例、实施要领与相关经验、作业任务及作业规范、实训考核等组成，并安排了房地产营销综合实训的准备工作内容，包括实训目标、实训组织、实训软件、实训过程管理等。同时，本书在综合实训的基础上设计了房地产营销业务技能竞赛，包括竞赛目标、竞赛内容、竞赛规则、竞赛组织、竞赛过程管理、竞赛实施过程步骤等内容，重点突出了房地产项目营销策略和销售流程，兼具趣味性、可学性和可用性强，达到提高大学生房地产专业技能水平，能够更快从事房地产项目营销实际工作之目的。

本教材主要特色。突出了技能与思路的结合，重点编写了房地产楼盘营销的策略与操作思路、程序。①逻辑新。本教材以房地产项目的全程营销工作过程为主线，精心布局房地产营销业务的技能点。②内容新。本教材实训内容大都取材于2011年以后房地产行业发生的故事，紧扣了房地产行业的最新动态，吸收了最新科研成果。③案例多。本教材收集了较多品牌企业的第一手案例，其中一些是微型案例，这些案例绝大部分是房地产企业在项目营销实践中可能要面对的。④操作性强。本教材重点突出了操作思路、操作策略以及操作流程。⑤趣味性强。本教材在综合实训的基础上设计了房地产营销业务技能竞赛，有助于提高学生掌握技能的兴趣和技巧。⑥提供了切实可行的教学建议。包括学时安排、教学组织与考核方法。

房地产行业是快速发展的行业，编出一部指导实践的实训教材是很困难的。虽然编者已经做了许多努力，力图使《房地产营销综合实训》做得更好，但限于编者的能力和水平，教材中的缺点和错误在所难免，敬请各位同行、专家和广大读者批评指正，以使教材日臻完善。

要特别强调的是，国内各高校任"房地产营销"课程教学的同行给了我无数的启迪和帮助，如果说本书有一点点进步的话，也是站在他们肩上的缘故，在此表示由衷的感谢。

尤其让我感动的是，许多房地产企业专家黄国全、王志磊、蒋英、魏华洁、白蕾、刘燕玲、刘永胜、康媛媛、高为民、邓蓉辉、万建国、闫力强、魏爱霞、陈晓宇、蒋丽、殷世波、李海燕、李涛、李国蓉、陈静、王安华、左根林、裴国忠、于永建、戎晓红、周正辉、黄平、卓维松、王剑超、何宗花、刘丽、周志刚、傅玳、陈基纯、李丹、覃芳、张炳信、吕正辉、何兰、林澜、李华伟等，还有我已经毕业的房地产专业学生李甜、李忠伟与我一起探讨房地产营销实战方法，并提供了一些案例，给了我很多很好的建议。同时，本书也引用了网上一些相关资料，有可能会疏漏备注，在此表示歉意并致以由衷的谢意。此外，还要感谢南京工业职业技术学院"房地产营销与策划"精品课程团队的大力支持，以及中国建筑经济学会、建筑工业出版社领导和编辑的大力支持。

联系邮箱：1927526399@qq.com

中国建筑学会建筑经济分会全国房地产经营与估价专业委员会 QQ 群 282379766。

2014 年 5 月于南京

目　　录

上篇　房地产营销综合实训

第1章　房地产营销综合实训准备 … 3
1.1　房地产营销综合实训课程的专业定位与教学理念 … 3
1.2　房地产营销综合实训目标 … 4
1.3　房地产营销综合实训内容及流程 … 5
1.4　房地产营销综合实训教学方式与教学组织 … 7
1.5　房地产营销综合实训教学进度计划与教学控制 … 9
1.6　房地产营销综合实训教学文件 … 12
1.7　房地产营销综合实训软件功能简介 … 16
1.8　房地产营销综合实训过程管理规则 … 17

第2章　房地产营销综合实训操作 … 24
实训1　房地产营销项目背景与市场营销环境分析 … 24
实训2　房地产项目市场分析与营销战略策划 … 37
实训3　房地产项目营销组合策划 … 62
实训4　房地产项目楼盘营销计划与组织 … 98
实训5　房地产项目楼盘营销计划执行与销售控制管理 … 114
实训6　房地产项目楼盘销售业绩分析与售后服务 … 139
实训7　房地产营销综合实训总结与经验分享 … 147
实训7$^+$　房地产营销实训收尾结束工作 … 155

下篇　房地产营销业务技能竞赛

第3章　房地产营销业务技能竞赛准备 … 158
3.1　房地产营销业务竞赛目的、意义和原则 … 158
3.2　房地产营销业务竞赛依据标准与竞赛内容 … 159
3.3　房地产营销业务竞赛规则 … 160
3.4　房地产营销业务竞赛组织 … 162
3.5　房地产营销业务竞赛平台功能简介 … 162
3.6　竞赛过程管理规范 … 163

第 4 章　房地产营销业务技能竞赛实施过程 164
  步骤 1　房地产营销业务技能表演 164
  步骤 2　组建房地产营销公司 164
  步骤 3　房地产营销项目背景与市场营销环境分析 164
  步骤 4　房地产项目市场分析与营销战略策划 165
  步骤 5　房地产项目营销策略组合策划 165
  步骤 6　房地产项目楼盘营销计划执行 165
  步骤 7　房地产项目楼盘销售业绩分析 165
  步骤 8　营销业绩排行榜 166

参考文献 167

教 学 建 议

1. 学时安排

			内　　容	学时
上篇　房地产营销综合实训	第1章　房地产营销综合实训准备	1.1	房地产营销综合实训课程的专业定位与教学理念	4
		1.2	房地产营销综合实训目标	
		1.3	房地产营销综合实训内容及流程	
		1.4	房地产营销综合实训教学方式与组织	
		1.5	房地产营销综合实训教学进度计划与教学控制	
		1.6	房地产营销综合实训教学文件	
		1.7	房地产营销综合实训软件功能简介	
		1.8	房地产营销综合实训过程管理规则	
	第2章　房地产营销综合实训操作	实训1	房地产营销项目背景与市场营销环境分析	4～8（1～2天）
		实训2	房地产项目市场分析与营销战略策划	4～8（1～2天）
		实训3	房地产项目营销组合策划	16～36（4～9天）
		实训4	房地产项目楼盘营销计划与组织	4～8（1～2天）
		实训5	房地产项目楼盘营销计划执行与销售控制管理	4～8（1～2天）
		实训6	房地产项目楼盘销售业绩分析与售后服务	4～8（1～2天）
		实训7	房地产营销综合实训总结与经验分享	4（1天）
		实训7⁺	房地产营销实训收尾结束工作	
			一个楼盘项目营销实训（时间以小时计）	40～80（10～20天）
下篇　房地产营销业务技能竞赛	第3章　房地产营销业务技能竞赛准备	3.1	房地产营销业务竞赛目的、意义和原则	4
		3.2	房地产营销业务竞赛依据标准与竞赛内容	
		3.3	房地产营销业务竞赛规则	
		3.4	房地产营销业务竞赛组织	
		3.5	房地产营销业务竞赛平台功能简介	
		3.6	竞赛过程管理规范	
	第4章　房地产营销业务技能竞赛实施过程	步骤1	房地产营销业务技能表演	2
		步骤2	组建房地产营销公司	
		步骤3	房地产营销项目背景与市场营销环境分析	
		步骤4	房地产项目市场分析与营销战略策划	
		步骤5	房地产项目营销策略组合策划	
		步骤6	房地产项目楼盘营销计划执行	
		步骤7	房地产项目楼盘销售业绩分析	
		步骤8	营销业绩排行榜	
			一次竞赛（时间以小时计）	2

2. 考核方法

《房地产营销综合实训》课程在考核方法上，注重全面考察学生的学习状况，启发学生的学习兴趣，激励学生学习热情，促进学生的可持续发展。《房地产营销综合实训》课程对学生学习的评价，既关注学生知识与技能的理解和掌握，更要关注他们情感与态度的形成和发展；既关注学生学习的结果，更要关注他们在学习过程中的变化和发展。评价的手段和形式应多样化，要将过程评价与结果评价相结合，定性与定量相结合，充分关注学生的个性差异，发挥评价的启发激励作用，增强学生的自信心，提高学生的实际应用技能。

（1）注重对学生实训过程的评价

包括参与讨论的积极态度、自信心、实际操作技能、合作交流意识，以及独立思考的能力、创新思维能力等方面，如：

① 是否积极主动地参与讨论和分析；
② 是否敢于表述自己的想法，对自己的观点有充分的自信；
③ 是否积极认真地参与项目营销实践；
④ 是否敢于尝试从不同角度思考问题，有独到的见解；
⑤ 是否理解他人的思路，并在与小组成员合作交流中得到启发与进步；
⑥ 是否有认真反思自己思考过程的意识。

（2）重视对学生的启发

对学生进行启发式实训。对每个营销业务环节的实训时，通过设置的工作任务内容和学习过程，从管理者或信息使用者的角度提出问题，启发学生思考、分析、判断、操作，最后教师加以归纳、总结。在学生思考分析和动手操作时，教师要注重引导和提示。最终达到学生"独立（或换位）思考—分析、推理、选择—归纳整理、深刻理解—吸收创新"逐层递进的能力目标。

（3）恰当评价学生的实际操作技能

在评价学生实训效果时，要侧重实际操作能力的考察。评价手段和形式要体现多样化，在呈现评价结果时，应注重体现综合评价和要素评价，突出阶段评价、目标评价、理论与实践一体化评价。通过参与实训项目讨论的质量、分析能力、对新知识的接受和消化能力、学习迁移能力等多方面，与业务竞赛成绩结合评价学生的学习效果。学生实训操作技能考核评价以过程评价为主，结果评价为辅：

① 过程考核：实训每一环节根据每位学生参与完成任务的工作表现情况和完成的作业记录，综合考核每一阶段学生参与工作的热情、工作的态度、与人沟通、独立思考、勇于发言，综合分析问题和解决问题的能力以及学生安全意识、卫生状态、出勤率等给予每一阶段过程考核成绩。

② 结果考核：根据学生提交的项目营销策划方案，按企业策划方案的实用性要求判断作品完成的质量高低，并结合项目答辩思路是否清晰、语言表达是否准确等给出结果考核成绩。

③ 综合实训成绩评定：过程考核占60%，结果考核占40%。

④《房地产营销综合实训与业务竞赛》课程总成绩：总成绩由综合实训成绩和业务竞赛成绩组成，综合实训成绩与业务竞赛成绩以7:3的比例给予最终评定。

⑤ 否决项：旷课一天以上、违纪三次以上且无改正、发生重大责任事故、严重违反校纪校规。

上篇　房地产营销综合实训

房地产营销综合实训的任务是：培养学生的房地产项目营销业务操作能力和职业素养以及综合职业能力，特别是促进工匠精神养成，使房地产专业学生具备一定的房地产营销业务操作能力，达到职业标准要求，毕业后能够进行房地产营销项目的策划与执行工作。本篇重点介绍了房地产营销综合实训的准备工作和房地产营销综合实训的操作过程。

第1章　房地产营销综合实训准备

房地产营销综合实训的成败取决于其准备工作。本章从房地产营销综合实训课程的专业定位与教学理念、房地产营销综合实训目标、房地产营销综合实训内容及流程、房地产营销综合实训教学方式与组织、房地产营销综合实训教学进度计划与教学控制、房地产营销综合实训教学文件、房地产营销多媒体教学软件实训功能简介、房地产营销综合实训过程管理规则等8个方面介绍了房地产营销综合实训的准备工作。

1.1　房地产营销综合实训课程的专业定位与教学理念

1. 房地产营销综合实训课程的专业定位

房地产营销综合实训是房地产经营与估价专业的一门重要的综合性实训课程。通过本课程的学习，可以融会贯通房地产专业知识与能力，培养房地产职业素养。

（1）融会贯通专业知识与能力

将本专业已学习过的专业课程中已掌握的知识、技能与所形成的单项、单元能力通过本综合性实训课程进行融合，使学生了解这些已掌握的知识、技能与所形成的单项、单元能力在完成一个房地产项目营销典型工作任务时所起的作用，并掌握如何运用这些知识、技能与单项、单元能力来完成一个综合性的房地产项目营销业务，达到职业标准要求，激发与培养其从事房地产职业领域工作的兴趣与爱好。

（2）培养职业素养

通过本综合性实训课程，使学生在前期已进行过房地产课程实验的基础上，学习并培养自己完成一个房地产项目营销典型工作任务完整工作过程所需要的专业能力、方法能力与社会能力，养成优秀的职业习惯与素养，特别是促进工匠精神养成。

2. 房地产营销综合实训课程的基本教学理念

（1）以学生为主体、学做合一

教学中通过激发学生的学习兴趣，引导其自主地、全面地理解本综合实训教学要求，提高思维能力和实际工作技能，增强理论联系实际的能力，培养创新精神，逐步养成善于观察、独立分析和解决问题的习惯。本课程在目标设定、教学过程、课程评价和教学方式等方面都突出以学生为主体的思想，注重学生实际工作能力与技术应用能力的培养，教师起到引导、指导、咨询的角色作用，使课程实施成为学生在教师指导下构建知识、提高技能、活跃思维、展现个性、拓宽视野的过程。

（2）多元化的实训教学手段

本课程以实战演练、模拟企业房地产营销活动为主要教学方式，在教学过程中，引导学生通过房地产市场调研与资料的查询、整理和分析，发现企业营销活动中存在的问题，并在团队合作的基础上，完成一个具体的房地产项目营销业务任务，从而提高分析问题、解决问题的能力和业务技能，真正实现课程实训企业化。

（3）重视学生个体差异，注重提高整体水平

本课程在教学过程中，以激发兴趣、展现个性、发展心智和提高素质为基本理念，倡导以团队为单位自主学习，注重促进学生的知识与技术应用能力和健康人格的发展，以过程培养促进个体发展，以学生可持续发展能力和创新能力评价教学过程。

1.2 房地产营销综合实训目标

1. 课程总目标

学生在进行房地产营销综合实训时，已经学习了《房地产开发与经营》、《房地产营销与策划》、《房屋建筑学》等课程，具备了房地产开发、房屋建筑、营销策划等基本理论知识及相应的企业认知实训。房地产营销综合实训课程的教学总目标是：在房地产开发与经营、房屋建筑、项目管理等能力基础上，进一步将房地产营销的相关课程的单项、单元能力（技能）融合在一起，通过典型房地产营销项目的调研、市场定位、营销策略组合、营销计划与实施等营销方案的设计与操作，培养学生完成一个房地产营销具体项目实施的综合职业能力。

2. 具体能力目标

（1）专业能力目标

通过实训课程的学习与训练，使学生在前期课程与综合项目训练已掌握房地产营销的研究对象和特点、基本理论、原则与方法，掌握市场营销调研设计、营销策划、市场推广、企业具体营销活动的流程、相关报告或方案撰写的要求、格式等的基础上，通过对房地产营销企业具体项目对象进行分析诊断，着重培养学生完成一个以典型项目为载体的房地产营销活动所具有的专业能力：

① 房地产市场环境的分析能力：调研能力、信息处理能力、调研报告撰写能力；

② 房地产市场细分、目标市场选择与营销项目市场定位的能力；

③ 房地产项目营销组合策略的制定能力；

④ 房地产项目全程营销策划方案的制定与实施能力；

⑤ 房地产具体营销活动的策划与执行能力；

⑥ 沟通协调能力；

⑦ 团队合作能力。

（2）方法能力目标

① 信息的收集方法。通过引导学生围绕本实训项目进行的信息收集、整理、加工与处理，使学生能够针对项目所涉及的房地产行业领域的各种环境因素，利用科学的方法进行清晰分析和准确判断，在此基础上提出自己的独立见解与分析评价。

② 调研与方案制定方法。在完成以上信息收集阶段工作的基础上，学生能根据自己所形成的对本实训项目独立见解与分析评价，提出几种初步的项目实施方案，并能对多种方案从经济、实用等方面进行可行性的比较分析，通过团队的集体研讨、决策，选定本团队最终项目的实施方案。

③ 方案实施方法。在实施方案的基础上，学生能在教师引导下讨论形成方案实施的具体计划，如调研的对象、区域、房地产楼盘的类型等，并完成活动实施的计划，在此基础上进行团队内的分工。实施过程中，要填写相关的作业文件。

④ 过程检查方法。在完成市场调研、营销组合设计、营销计划、实施等营销活动的方案的过程中，各组成员定期开展总结交流活动，发现问题及时解决，并在教师的指导下不断完善方案内容，填写进度表及其他作业文件。

⑤ 总结评估方法。最后阶段学生能很好地总结自己的工作，与团队成员一道通过研讨交流，评估本项目完成过程中的得失与经验，并就本实训项目学习提出技术与方法等各方面进一步改进的思路与具体方案，并分工合作完成项目最终方案报告，以班级为单位进行交流与评价，按照评价标准给予实训成绩。

（3）社会能力目标

① 情感态度与价值观。在实训的过程中，培养学生严谨认真的科学态度与职业习惯，改变不良的学习行为方式；培养引导其对房地产营销活动的兴趣与爱好，激发他们学习的热情及学习积极性，培养学生的主体意识、问题意识、开放意识、互动意识、交流意识，树立自信的态度与正确的价值观。具体表现在：

A. 通过学习养成积极思考问题、主动学习的习惯；

B. 通过学习培养较强的自主学习能力；

C. 通过学习培养良好的团队合作精神，乐于助人；

D. 通过学习养成勇于克服困难的精神，具有较强的忍耐力；

E. 通过学习养成及时完成阶段性工作任务的习惯，达到"日清日毕"的要求。

② 职业道德与"工匠精神"素质养成。在实训的过程中，通过开展真实营销业务活动，注重养成工匠精神素质，即：精益求精，追求完美和极致；严谨，一丝不苟；耐心，专注，坚持；专业，敬业。实现与企业的真正对接，让学生领悟并认识到敬业耐劳、恪守信用、讲究效率、尊重规则、团队协作、崇尚卓越等职业道德与素质在个人职业发展和事业成功中的重要性，使学生能树立起自我培养良好的职业道德与注重日常职业素质养成的意识，为以后顺利融入社会及开展企业的房地产营销活动，打下坚实的基础。

1.3 房地产营销综合实训内容及流程

1. 综合实训内容

（1）选题范围

房地产营销综合实训项目的选题来源于真实的企业，一般选择学校的合作企业在当地的营销项目作为实训项目，如：南京工业职业技术学院选择合作企业的"南京仙林大学城保利紫晶山住宅楼盘"项目。

(2) 内容要求

① 具有房地产项目营销活动典型工作任务特征，并具有完整任务方案设计与教学要求；

② 能使学生通过本综合实训项目学习，得到各项能力的训练；

③ 项目教学中所形成的各环节教学模式、作业文件与成绩评价明确规范；

④ 项目教学中所形成的作业过程与作业文件符合房地产项目营销活动的相关要求；

⑤ 为学生提供的指导和条件能确保学生完成项目所规定的全部工作；

⑥ 融入房地产营销师职业资格考证应有的知识与技能点。

(3) 典型工作任务、完整工作过程特征描述

广州保利地产代理有限公司南京分公司是江苏知名的房地产营销企业之一，营销项目技术含量高、执行规范。其营销项目"南京仙林大学城保利紫晶山住宅楼盘"具有"典型工作任务和完整工作过程"的特点，见图 1-1，可以培养学生的房地产营销职业素养和综合职业能力。

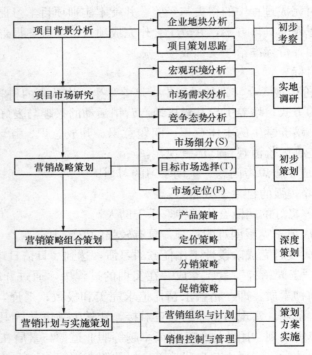

图 1-1 房地产项目营销典型完整工作过程

(4) 功能操作指标

① 房地产营销项目背景与市场营销环境分析操作训练。

② 房地产项目市场分析与营销战略策划操作训练。

③ 房地产项目营销策略组合策划操作训练。

④ 房地产项目楼盘营销计划与组织操作训练。

⑤ 房地产项目楼盘营销计划执行与销售控制管理操作训练。

⑥ 房地产项目楼盘销售业绩分析与售后服务操作训练。

2. 综合实训流程

房地产营销综合实训流程见图 1-2。

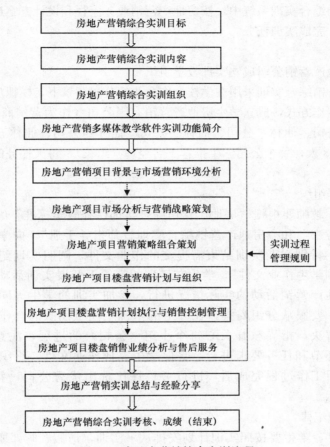

图 1-2 房地产营销综合实训流程

1.4 房地产营销综合实训教学方式与教学组织

1. 实训教学方式

房地产营销综合实训教学方式采用市场调研与企业现场实训、辅助案例与工作经验分享以及软件操作相结合。

（1）房地产市场调研与企业现场实训

组织学生围绕实训项目多次开展房地产市场调研，多次参观学校的合作企业，现场考察该企业的房地产营销项目，向企业员工学习、讨论、操作、训练，熟悉房地产项目营销业务操作流程。市场调研与现场考察目的：使学生熟悉房地产市场与项目营销过程，便于顺利完成实训项目的学习任务。

（2）辅助案例与工作经验分享

从学校合作企业的房地产营销项目里挑选多个典型的房地产营销项目案例以及房地产营销从业人员的工作经验，进行分析教学。辅助案例与工作经验分享目的：使学生寻找灵感和借鉴，便于顺利完成房地产营销项目实训操作学习任务。

（3）软件操作

根据市场调研、企业现场考察实训和辅助案例分析，把房地产营销项目实训内容录入房地产营销软件的综合实训系统中，按房地产营销业务流程和设计方案进行业务操作，得出项目营销业绩，完成实训任务。

2. 实训教学组织

（1）模拟房地产营销公司成立实训教学组织

房地产项目营销综合实训采用在学校合作企业的公司背景下，模拟房地产营销公司做实际业务项目的运作方式，成立学生房地产营销有限公司（作为营销商），下设6个项目公司，即仙林一公司、仙林二公司、仙林三公司、仙林四公司、仙林五公司、仙林六公司，每个公司6～8人，每个公司学生推荐1名经理（组长），每天任务的分配均由经理组织进行。

（2）实训过程组织

进行实训前，教师要根据"房地产营销综合实训课程教学标准"编写"房地产营销综合实训教学任务书"和"房地产营销综合实训教师指导手册"，向学生说明实训的目的、意义及要求，特别强调实训结束需提交的作业文件，阐明实训纪律，并发放"房地产营销综合实训学生作业文件"，学生在经理的带领下开展实训活动。综合实训的过程要按照企业房地产营销活动的实际情况进行，参加实训的学生等同于是在为企业进行项目营销活动，要服从分组安排，在分工的基础上注重团队的合作，遇到问题团队集体进行讨论、解决。指导教师关心每个小组（公司）的进展，注意业务操作过程，引导学生按业务环节和任务要求进行，督促学生完成作业文件，组织组内、组与组之间项目研讨。项目工作过程完成后，进行考核评比选出优秀公司，并进行作品评比，选出最佳作品展示。

（3）实训组织纪律

严格考勤制度，学生要按照实训计划安排从事实训，请假、旷课要记录在案。缺课三分之一以上不能取得实训成绩，旷课一天以上，就可以认定缺乏职业道德，一票否决。

3. 实训教学场地

（1）房地产市场

主要用于市场楼盘调研，房地产市场包括：住宅市场、写字楼市场、商铺市场等。

（2）营销企业

主要用于现场参观考察和业务实训，要充分利用学校的合作企业资源。

（3）房地产营销实训软件机房

主要用于房地产营销业务流程操作，包括：营销项目选择、市场分析、产品定位、营销组合策划、营销组合与计划、产品销售、营销分析与销售业绩等。

（4）非固定场所

主要用于团队研讨和编写实训项目操作方案，非固定场所包括：教室、会议室、实训室等。

1.5 房地产营销综合实训教学进度计划与教学控制

1. 实训教学进度计划

房地产营销综合实训教学进度计划，见表1-1。

房地产营销综合实训教学进度计划　　　　　　　表1-1

项目名称	完成需要时间	开始	结束	工序	项目验收和作业文件	实训场地
1. 房地产营销项目背景与市场营销环境分析	1~2天				（1）房地产营销项目背景与市场营销环境分析报告	房地产市场营销企业（非固定）
（1）营销项目实训任务研讨与计划				1	题目1：营销项目背景与地理位置图 题目2：当地城市房地产营销环境分析 题目3：计算机实训软件录入营销项目基本资料	
（2）房地产市场宏观环境分析				2		
（3）房地产市场微观环境分析（竞争态势分析）				3		
（4）计算机实训软件录入营销项目基本资料				4		
2. 房地产项目市场分析与营销战略策划	1~2天				（2）房地产项目市场分析与营销战略策划方案	房地产市场营销企业软件机房（非固定）
（1）房地产项目市场调研与预测				5	题目4：房地产项目市场调研与预测 题目5：房地产项目市场细分与目标市场选择 题目6：房地产项目市场定位策划 题目7：实训软件录入营销项目战略策划内容	
（2）房地产项目市场细分				6		
（3）房地产项目目标市场选择				7		
（4）房地产项目市场定位策划				8		
（5）计算机实训软件录入营销项目战略策划内容				9		
3. 房地产项目营销策略组合策划	4~9天				（3）房地产项目营销策略组合策划方案	房地产市场营销企业软件机房（非固定）
（1）房地产项目产品组合策划				10	题目8：项目产品组合策划方案 题目9：项目楼盘产品价格策划方案 题目10：项目营销渠道策划方案 题目11：房地产项目促销推广策划方案 题目12：计算机实训软件录入营销项目营销组合策划内容	
（2）房地产项目价格策划				11		
（3）房地产项目营销渠道策划				12		
（4）房地产项目促销推广策划				13		
（5）计算机实训软件录入营销项目营销组合策划内容				14		

续表

项目名称	完成需要时间	开始	结束	工序	项目验收和作业文件	实训场地
4. 房地产项目楼盘营销计划与组织	1~2 天				（4）房地产项目楼盘营销计划与组织方案	
（1）房地产项目楼盘营销计划				15	题目13：房地产项目楼盘营销计划	房地产市场营销企业软件机房（非固定）
（2）房地产项目楼盘营销组织				16	题目14：房地产项目楼盘营销组织方案	
（3）计算机实训软件录入营销项目营销计划与组织内容				17	题目15：计算机实训软件录入营销项目营销计划与组织内容	
5. 房地产项目楼盘营销计划执行与销售控制管理	1~2 天				（5）房地产项目楼盘营销计划执行与销售控制管理方案	
（1）房地产项目楼盘营销计划执行与控制				18	题目16：房地产项目楼盘营销计划执行与控制方案	房地产市场营销企业软件机房（非固定）
（2）房地产项目楼盘销售管理				19	题目17：房地产项目楼盘销售管理方案	
（3）售楼处管理				20	题目18：售楼处管理方案	
（4）计算机实训软件上录入营销计划执行与销售控制管理内容				21	题目19：计算机实训软件录入营销计划执行与销售控制管理内容	
6. 房地产项目楼盘销售业绩分析与售后服务	1~2 天				（6）房地产项目楼盘销售业绩分析与售后服务方案	
（1）计算机实训软件项目楼盘销售额计算				22	题目20：计算机实训软件项目楼盘销售额计算与营销业绩分析	房地产市场营销企业软件机房（非固定）
（2）房地产项目楼盘销售业绩分析				23	题目21：项目楼盘售后服务方案	
（3）项目楼盘售后服务				24		
7. 房地产营销实训总结与经验分享	1 天				（7）实训总结与经验分享	
（1）实训总结				25	题目22：实训总结	教室
（2）实训交流分享				26	题目23：实训交流分享	
7⁺. 实训收尾结束					《房地产营销实训报告（作业文件）》实训成绩、实训教学文件归档	教室

2. 实训教学控制

（1）实训指导

学生按班级分组（项目组）实训，每个班级 1~2 名指导教师。

（2）实训要求

①每个学生完成实训手册《房地产营销实训报告（作业文件）》；②每个项目组团结协助，提供1～2篇房地产项目营销策划方案（电子稿），即电子稿《房地产营销实训报告（作业文件）》；③每个学生利用实训软件完成规定项目营销任务，取得项目销售额，项目销售额排行榜作为评定实训成绩的重要依据。

（3）实训时间：2～4周。

3. 实训控制指标

房地产营销综合实训控制指标内容见表1-2。

房地产营销综合实训控制指标　　　　　　　　　　表1-2

实训学习任务 （项）	控制指标 （个）	实训作业文件 （项）	学时
1. 房地产营销项目背景与市场营销环境分析	（1）营销项目实训任务研讨与计划 （2）房地产市场宏观环境分析 （3）房地产市场微观环境分析（竞争态势分析） （4）计算机实训软件录入营销项目基本资料	（1）房地产营销项目背景与市场营销环境分析报告	4～8 （1～2天）
2. 房地产项目市场分析与营销战略策划	（1）房地产项目市场调研与预测 （2）房地产项目市场细分 （3）房地产项目目标市场选择 （4）房地产项目市场定位策划 （5）计算机实训软件录入营销项目战略策划内容	（2）房地产项目市场分析与营销战略策划方案	4～8 （1～2天）
3. 房地产项目营销策略组合策划	（1）房地产项目产品组合策划 （2）房地产项目价格策划 （3）房地产项目营销渠道策划 （4）房地产项目促销推广策划 （5）计算机实训软件录入营销项目营销组合策划内容	（3）房地产项目营销策略组合策划方案	16～36 （4～9天）
4. 房地产项目楼盘营销计划与组织	（1）房地产项目楼盘营销计划 （2）房地产项目楼盘营销组织 （3）计算机实训软件录入营销项目营销计划与组织内容	（4）房地产项目楼盘营销计划与组织	4～8 （1～2天）
5. 房地产项目楼盘营销计划执行与销售控制管理	（1）房地产项目楼盘营销计划执行与控制 （2）房地产项目楼盘销售管理 （3）售楼处管理 （4）计算机实训软件上录入	（5）房地产项目楼盘营销计划执行与销售控制管理方案	4～8 （1～2天）

续表

实训学习任务 （项）	控制指标 （个）	实训作业文件 （项）	学时
6. 房地产项目楼盘营销业绩分析与售后服务	（1）计算机实训软件项目楼盘销售额计算 （2）房地产项目楼盘营销业绩分析 （3）项目楼盘售后服务	（6）房地产项目楼盘营销业绩分析与售后服务方案	4~8 （1~2 天）
7. 房地产营销实训总结与分享	（1）实训总结 （2）实训交流分享	（7）实训总结与经验分享	4 （1 天）
合计			40~80 （10~20 天）
实训结束	将 7 项作业文件组合成为《房地产营销实训报告（作业文件）》		

1.6 房地产营销综合实训教学文件

房地产营销综合实训教学文件是开展综合实训的指导性文件，是评价综合实训质量的重要依据。综合实训教学文件主要有"房地产营销综合实训课程教学标准"、"房地产营销综合实训教学任务书"、"房地产营销综合实训教师指导手册"和"房地产营销综合实训学生作业文件"，由学校专职教师会同企业兼职教师联合编写。参与综合实训的教师和学生分别携带各自对应的文件，随时记录，供考核和备查之用。

目　录

1. 前言
   1.1 本课程在相关专业中的定位
   1.2 本课程的基本教学理念
2. 课程目标
   2.1 课程总目标
   2.2 具体目标（课程预设能力目标的阐述）
   　　（一）专业能力目标
   　　（二）方法能力目标
   　　（三）社会能力目标
3. 内容描述
   3.1 项目选题范围
   3.2 项目内容要求
4. 实施要求
   4.1 教学实施要领与规范
   4.2 教学方式与考核方法
   　　（一）教学方式
   　　（二）考核方法
   4.3 教学文件与使用
5. 其他说明

图 1-3　房地产营销综合实训课程教学标准内容目录

1. 房地产营销综合实训课程教学标准

房地产营销综合实训课程教学标准是规定房地产营销综合实训的课程性质、课程目标、内容目标、实施建议的教学指导性文件。房地产营销综合实训课程教学标准内容目录见图 1-3。

（1）前言

① 本课程在相关专业中的定位。见"1.1 房地产营销综合实训课程的专业定位与教学理念"。

② 本课程的基本教学理念。见"1.1 房地产营销综合实训课程的专业定位与教学理念"。

（2）课程目标

① 课程总目标。见"1.2 房地产营销综合实训目标"。

② 具体目标。见"1.2 房地产营销综合实训目标"。

（3）项目内容描述

① 项目选题范围。见"1.3 房地产营销综合实训内容及流程"。
② 项目内容要求。见"1.3 房地产营销综合实训内容及流程"。
（4）实施要求
① 教学实施要领与规范。见"1.8 房地产营销综合实训过程管理规则"。
② 教学方式与考核方法。见"1.4 房地产营销综合实训教学方式与组织"和"1.8 房地产营销综合实训过程管理规则"。
③ 教学文件与使用。任务书和各自对应的手册，随时记录各种作业文件，供考核和备查之用。
（5）其他说明
① 项目教学组织。见"1.4 房地产营销综合实训教学方式与组织"。
② 对教师的要求。见"1.8 房地产营销综合实训过程管理规则"。

2. 房地产营销综合实训教学任务书

房地产营销综合实训课程教学任务书是规范教学管理、保证教学质量、确保教学任务顺利落实和完成的教学指导性文件。实训教学任务书内容如下：

（1）综合实训项目任务
① 培养学生的房地产营销业务处理能力和职业素养以及综合职业能力。
② 提高教师房地产营销业务实践经验和项目营销策划科研能力。从事房地产实训的教师大都没有在房地产企业工作过，缺乏实践经验。由于"南京仙林大学城保利紫晶山住宅楼盘"项目反映了建筑专业和房地产职业技术领域最新的科技水准，项目建设中应用了新知识、新技术和新工艺，所以，用该项目进行综合营销实训可以大大提高实训教师实践经验和营销策划科研能力。
③ 提高房地产教学团队服务社会的水平。"南京仙林大学城保利紫晶山住宅楼盘"项目的营销策划具有典型的工作任务和完整的策划过程，所以，该项目的营销策划可以为房地产企业培训营销人员。同时，教学团队服务社会水平提高到一定的程度后，可以在房地产行业承接营销策划项目或横向课题。

（2）实训控制要求、控制指标和任务细则
① 实训控制要求。实训方法，见"1.4 房地产营销综合实训教学方式与组织"；实训指导，1~2 名教师；实训要求，每个组团结协助，提供 1~2 篇营销项目实训报告；实训时间，2~4 周。
② 房地产营销业务实训控制指标。见"1.5 房地产营销综合实训教学进度计划与教学控制"。
③ 房地产营销业务操作实训任务细则

任务 1：房地产营销项目背景与市场营销环境分析。见"第 2 章 实训 1 房地产营销项目背景与市场营销环境分析"中"5. 作业任务及作业规范"。

任务 2：房地产项目市场分析与营销战略策划。见"第 2 章 实训 2 房地产项目市场分析与营销战略策划"中"5. 作业任务及作业规范"。

任务 3：房地产项目营销策略组合策划。见"第 2 章 实训 3 房地产项目营销策略组合策划"中"5. 作业任务及作业规范"。

任务 4：房地产项目楼盘营销计划与组织。见"第 2 章 实训 4 房地产项目楼盘营销计划与组织"中"5.作业任务及作业规范"。

任务5：房地产项目楼盘营销计划执行与销售控制管理。见"第2章 实训5 房地产项目楼盘营销计划执行与销售控制管理"中"5.作业任务及作业规范"。

任务6：房地产项目楼盘销售业绩分析与售后服务。见"第2章 实训6 房地产项目楼盘销售业绩分析与售后服务"中"5.作业任务及作业规范"。

任务7：房地产营销实训总结与经验分享。见"第2章 实训7 房地产营销实训总结与经验分享"中"5.作业任务及作业规范"。

（3）实训任务验收标准

见"1.8 房地产营销综合实训过程管理规则"。

（4）实训参考资料

① 教材。包括《房地产营销与经营实务》、《房地产营销综合实训》等教材。

② 专业期刊。包括《建筑经济》、《上海房地》等房地产专业期刊。

③ 房地产类网站。房地产家居门户网站——365地产家居网：http://www.house365.com/、中国房地产门户网站——搜房地产网：http://www.soufun.com/等房地产类网站。

④ 行业、企业资料。通过到房地产行业协会、房地产营销企业及楼盘现场收集整理。

3. 房地产营销综合实训教师指导手册

房地产营销综合实训教师指导手册是规定实训过程中教师应当遵守的教学指导性文件。实训教师指导手册内容如下：

（1）综合实训项目名称

房地产营销业务综合实训。

（2）项目教学能力目标

见"1.2 房地产营销综合实训目标"。

（3）指导教师职责

见"1.8 房地产营销综合实训过程管理规则"。

（4）综合实训工作要求

① 实训组织安排。见"1.4 房地产营销综合实训教学方式与组织"。

② 现场5S管理。见"1.8 房地产营销综合实训过程管理规则"。

（5）学生成绩评定

① 房地产营销综合实训考核标准。见"1.8 房地产营销综合实训过程管理规则"中的表1-3。

② 房地产营销综合实训评分细则。见"1.8 房地产营销综合实训过程管理规则"中的表1-4。

（6）综合实训项目计划安排

见"1.5 房地产营销综合实训教学进度计划与教学控制"中的表1-1。

（7）综合实训项目指导细则

任务1：房地产营销项目背景与市场营销环境分析。见"第2章 实训1 房地产营销项目背景与市场营销环境分析"中"5.作业任务及作业规范"。

任务2：房地产项目市场分析与营销战略策划。见"第2章 实训2 房地产项目市场分析与营销战略策划"中"5. 作业任务及作业规范"。

任务3：房地产项目营销策略组合策划。见"第2章 实训3 房地产项目营销策略组合策划"中"5. 作业任务及作业规范"。

任务4：房地产项目楼盘营销计划与组织。见"第2章 实训4 房地产项目楼盘营销计划与组织"中"5. 作业任务及作业规范"。

任务5：房地产项目楼盘营销计划执行与销售控制管理。见"第2章 实训5 房地产项目楼盘营销计划执行与销售控制管理"中"5. 作业任务及作业规范"。

任务6：房地产项目楼盘实训销售业绩分析与售后服务。见"第2章 实训6 房地产项目楼盘销售业绩分析与售后服务"中"5. 作业任务及作业规范"。

任务7：房地产营销实训总结与经验分享。见"第2章 实训7 房地产营销实训总结与经验分享"中"5. 作业任务及作业规范"。

(8) 学生工作过程应完成的记录表

见"第2章"中综合实训项目学习活动任务单001～007操作记录表，即题目1～题目23记录表。

(9) 项目实训验收标准

见"1.8 房地产营销综合实训过程管理规则"。

(10) 教师项目教学各阶段填写的作业文件与记录

① 分组点名册。见"1.8 房地产营销综合实训过程管理规则"中表1-3。

② 综合实训项目计划进度表。见"1.5 房地产营销综合实训教学进度计划与教学控制"中表1-1。

③ 综合实训项目考核标准。见"1.8 房地产营销综合实训过程管理规则"中表1-4。

④ 综合实训项目评分表。见"1.8 房地产营销综合实训过程管理规则"中表1-5。

(11) 实训项目指导范本

实训项目指导，见"第2章 房地产营销综合实训操作"。实训项目指导范本及教学参考文献此处不作详细介绍。

4. 房地产营销综合实训学生作业文件

房地产营销综合实训学生作业文件是规定实训过程中学生应当执行的学习指导性文件。学生实训作业文件内容如下：

(1) 项目任务名称

"××楼盘项目"营销综合实训。一般选择学校附近楼盘。如南京工业职业技术学院选择仙林大学城"保利紫晶山住宅楼盘项目"作为营销综合实训。

(2) 综合实训目的

见"1.2 房地产营销综合实训目标"。

(3) 对学生学习的要求

每个学生应通过房地产营销真实项目综合实训的学习，培养自己系统、完整、具体地完成一个房地产营销项目所需的工作能力（核心能力和关键能力），通过信息收集处理、方案比较决策、制定行动计划、实施计划任务和自我检查评价的能力训练，以及团队工作的协作配合，锻炼职场应有的团队工作能力。具体要求如下：

① 充分了解本指导手册规定拟填写的项目各阶段的作业文件与作业记录。

② 充分了解自己的学习能力，针对拟完项目的操作要求，查阅资料，了解相关产品情况，主动参与团队各阶段的讨论，表达自己的观点和见解。

③ 在学习过程中，认真负责，在关键问题与环节上下功夫，充分发挥自己的主动性、创造性来解决技术上与工作中的问题，并培养自己在整个工作过程中的团队协作意识。

④ 认真按规范要求填写与撰写营销业务操作实训各阶段相关作业文件与工作记录，并学会根据学习与工作过程的作业文件和记录及时反省与总结。

⑤ 做好项目交流与答辩，顺利通过验收，完成全部营销业务操作实训任务。

(4) 对学生工作的要求

① 团队工作遵循规范。见"1.8 房地产营销综合实训过程管理规则"。

② 现场 5S 管理要求。见"1.8 房地产营销综合实训过程管理规则"。

(5) 学生成绩评定标准

见"1.8 房地产营销综合实训过程管理规则"中表 1-4。

(6) 综合实训项目计划进度安排

见"1.5 房地产营销综合实训教学进度计划与教学控制"中表 1-1。

(7) 项目产品验收标准

见"第 2 章 实训 7+ 房地产营销实训收尾结束工作"。

(8) 学生工作过程作业文件与记录表

见"第 2 章 房地产营销综合实训操作"中综合实训项目学习活动任务单 001～任务单 007 操作记录表，即题目 1～题目 23 记录表。

(9) 实训项目学习范本——相关知识要点与范本

相关知识要点，见"第 2 章 房地产营销综合实训操作"。实训项目学习范本及教学参考文献此处不作详细介绍。

1.7 房地产营销综合实训软件功能简介

房地产营销综合实训软件，见图 1-4，按照职业教育"学做合一"设计，实现"教、学、做、赛"四位一体。

图 1-4 房地产业务实训和竞赛系统软件

1. 房地产营销业务技能操作训练

（1）房地产营销业务操作流程

（2）业务流程操作要点

① 组建营销公司。一般情况下，学生主要采用房地产营销代理公司的组织形式开展业务技能操作训练，即分组分角色实训，每个公司由5~10人组成，角色有总经理、调研经理、产品经理、促销经理、销售主管等，同学之间相互配合，共同完成业务操作训练。特殊情况下1人也可以单独操作，独立完成营销业务各个角色的工作，真实地体会房地产项目营销业务运作过程及工作职责。

② 营销项目背景分析。可由学生从外网上寻找当地土地管理部门发布的土地公开拍卖信息，也可由教师根据当地土地管理部门发布的土地公开拍卖信息，统一通过计算机自动发布。

③ 项目市场研究。按计算机提供的规范操作。

④ 营销战略策划。按计算机提供的规范操作。

⑤ 营销策略组合策划。按计算机提供的规范操作。

⑥ 营销组织与计划。按计算机提供的规范操作。

⑦ 营销计划实施。按当地类似楼盘市场均价取值；或按内部模拟市场定价。

⑧ 项目营销业绩：项目销售总收入；销售均价。

⑨ 实训得分。总评价得分，由教师给出；营销业绩得分，计算机自动给出，生成成绩排行榜。

⑩ 实训结束，计算机输出学生实训内容（销售额）。

2. 房地产营销业务技能竞赛

见"3.5房地产营销综合实训软件竞赛功能简介"。

3. 教师实训过程管理

教师管理包括对学生、业务训练、业务竞赛等进行管理。

（1）学生登录账号管理。

（2）学生分组、公司管理。

（3）楼盘营销项目管理。

（4）房地产市场管理。

（5）营销成绩统计。

（6）排行榜

利用趣味性、游戏性，动态给出实训成绩与竞赛成绩排行榜，彻底解决"教师不好教、学生不爱学"的难题。

1.8 房地产营销综合实训过程管理规则

1. 指导教师职责及要求

（1）指导教师职责

培养学生系统、完整、具体地完成一个房地产营销项目所需的综合职业能力，使学生具备信息收集处理、方案比较决策能力，锻炼学生团队工作能力。具体要求如下：

① 准备教学文件，联系好考察企业，策划、组织、协调好整个实训过程，填写实训

项目指导过程中各阶段的作业文件指导记录。

②根据学生的具体情况引导学生制定综合实训任务实施方案与计划，指导学生查阅资料，考察、了解区域房地产市场，使学生通过综合实训完成项目营销操作整个过程，并通过必要的组织形式让学生主动参与自主学习。

③在指导学生综合实训过程中，认真负责，在关键问题与环节上把好关，做好引导工作，对学生要放手锻炼，防止包办代替，充分发挥他们的主动性、创造性。

④培养学生在整个工作过程中的团队协作意识。

⑤指导学生从资讯、方案、计划、实施、检查到评估各阶段按规范要求完成相关作业文件与工作记录，并认真检查学生营销业务操作过程的作业文件和记录。

⑥辅导、解答学生所遇到的理论知识和操作技巧等方面的问题，引导学生自主完成整个营销业务操作过程。

⑦及时组织学生研讨业务项目、评选最佳作品和优秀团队，激励学生。

⑧及时了解学生的思想作风、工作表现和职场工作态度等方面的情况。

⑨引导学生组织做好业务项目交流、答辩工作。

（2）对教师的要求

对实训指导教师的工作情况由参与实训的全体学生和教学团队教师共同评价，从以下几方面评价实训指导教师履行职责情况：

①指导过程认真负责，在关键问题上把好关、作好引导工作，耐心解答学生遇到的问题；

②注意培养学生的综合职业能力，充分发挥他们的主动性、创造性；

③培养学生在整个工作过程中团队协作和敬业爱岗精神；

④以身作则，模范地遵守校纪校规，具有良好的职业道德，为人师表；

⑤对综合实训项目的实施控制能力强，在本专业领域有较深的造诣，在学生中有较高的威信；

⑥对学生的评价公开、公平、合理。

2. 对学生工作的要求

（1）团队工作遵循规范

①采用房地产营销公司的团队形式开展实训工作，每天任务的分配均由经理组织进行，组员必须服从经理安排。

②关心公司整体工作的进展，及时配合组内其他成员的工作，做到全组工作协作有序。

③注意按项目营销业务环节和任务要求进行，及时完成作业文件。

④注意工作过程的充分交流，开展组内、组与组之间的实训研讨，完善提高。

（2）现场5S管理

①每个小组安排轮值担任安全员，负责每天实训室的检查以及工作场所中的安全问题（如及时关闭电源等）。

②每天学生离开工作场所必须打扫环境卫生，地面、桌面、抽屉里都要打扫干净并保持整洁。

③设考勤员每天负责考勤，并报告考勤情况，在告知清楚的前提下无故迟到3次实

训成绩最高只能给及格，旷课1次，实训无成绩。学生实训考勤表，见表1-3。

④ 工作时间不得吃东西，喝水必须到指定区域。

⑤ 按照企业工作现场要求规范学生的言行，注重安全、节能、环保和环境整洁，工具、附件、计算机设备摆放规范。

⑥ 明确告知学生在实训场所的纪律，包括工作态度、交流方式、工作程序、作业要求与作业记录要求等。

学生实训考勤表　　　　　　　　　　表1-3

班级：　　　　指导教师：

实训名称	房地产项目营销综合实训											
组别	成员	日1	日2	日3	日4	日5	日6	日7	日8	日9	日10	日11	日12

3. 教学实施要领与规范

教学实施要领与规范，见图 1-5，表中内容是房地产营销综合实训的整体实施要领与规范，由各项目团队根据综合实训项目的具体内容及实施规范要求进行有针对性地简化编写。房地产营销综合实训项目时间可根据实训具体安排进行适当调整，实训内容也可根据具体项目不同而进行增减实训环节。具体实训实施过程中的要领与规范，详见"第 2 章 房地产营销综合实训操作"中"实训 1-7"每个活动中的"作业任务及作业规范"。

4. 实训考核方法与实训成绩评定

学生参加综合实训项目学习的成绩由形成性考核与终结性考核两部分相结合给出。

项目实施要领及规范	教学组织实施要领及规范	作业文件、考核办法与时间安排
教师针对企业或本专业职业技术领域中典型的核心能力、专业能力和社会能力要求，提炼出以一个典型的房地产项目营销活动为任务的实训项目，项目的实施必须能使学生获得一个完整营销活动的过程训练	学生以营销项目为单位，每 5~8 人左右组成一个项目公司（组）。项目组设组长，组长负责项目组织与协调工作。项目组通过自主讨论对实训任务进行分析，保证分工基础上的合作，并形成项目工作总体计划安排表（表 1-1）。 教师下达实训任务后，提供每位学生一份实训指导手册。对项目工作任务进行必要的讲解，提出学习要求，告知各环节应达到的作业标准与考核方式，指导项目组工作计划安排，引导项目组分解任务落实每位学生的具体工作内容	**作业文件** 项目组分工安排及工作总体计划安排表（表 1-1）。 **考核办法** 教师通过参与项目组讨论，了解每位学生的工作态度与能力水平状况。 **时间安排** 实训正式开始第一天
本阶段针对实训项目，对拟完成的房地产营销活动进行： 1. 房地产营销市场调查； 2. 资料收集； 3. 撰写房地产营销项目背景与市场营销环境分析报告	学生在教师指导下，自主通过各种方式进行信息收集、整理、加工与处理，并按本阶段的工作计划进程安排表，每个成员熟悉房地产项目营销的全部内容、程序及要求，并通过讨论设计房地产营销项目背景与市场营销环境分析实施方案	**作业文件** 房地产营销项目背景与市场营销环境分析报告。 **考核办法** 1. 小组学生互评； 2. 教师根据讨论会及提交的方案报告进行评分。 **时间安排** 实训第 1 周
本阶段在房地产经营环境分析与市场分析的基础上，开展房地产营销活动： 房地产项目市场分析与营销战略策划	学生在教师引导下，通过房地产营销理论知识，结合市场调查和企业考察的结果进行，并对结果进行信息录入，形成营销项目信息，为下一步的营销业务打下基础。 教师针对市场细分、营销楼盘的市场定位所需要的方法，通过对典型案例的讲解，结合收集到的相关资料，引导学生自己选择适合自己的方法，进行项目市场分析与营销战略策划，并完成信息录入方案	**作业文件** 房地产项目市场分析与营销战略策划方案。 **考核办法** 1. 小组学生互评分； 2. 教师根据讨论会及每位学生提供的技术资料及发言给出本阶段每位学生的评分。 **时间安排** 实训第 1 周

图 1-5 房地产营销实训教学实施要领与规范（一）

本阶段针对上述项目市场分析与营销战略策划的结果，进行房地产营销方案的编写，完成： 1. 房地产项目营销策略组合策划； 2. 房地产项目楼盘营销计划与组织； 3. 房地产项目楼盘营销计划执行与销售控制管理； 4. 房地产项目楼盘销售业绩分析与售后服务	学生在教师引导下完成项目营销策略组合策划、项目楼盘营销计划与组织、项目楼盘营销计划执行与销售控制管理、项目楼盘营销业绩分析与售后服务等业务方案。 教师讲解相关项目的典型案例，提出方案撰写的要求，小组成员讨论方案的撰写内容与要求，并进行相应的分工，安排好进度，在规定的时间内完成实训项目的报告或策划方案，并为下一步实训总结和成果展示进行材料准备	作业文件 1. 房地产项目营销策略组合策划方案； 2. 房地产项目楼盘营销计划与组织方案； 3. 房地产项目楼盘营销计划执行与销售控制管理方案； 4. 房地产项目楼盘销售业绩分析与售后服务方案。 考核办法 1. 小组学生互评分； 2. 教师根据实训方案进行评分。 时间安排 实训第2～3周
本阶段围绕已完成的项目进行答辩及工作总结，分析实训项目完成的得失与进一步改进的设想，项目技术资料建档形成标准归档文件： 1. 实训项目的总结报告； 2. 实训成果展示的资料准备制作PPT； 3. 以班级为单位进行成果交流与展示	学生在组长的带领下，完成实训项目的总结报告，并对实训总报告进行讨论、修改与定稿，准备成果展示需要的PPT资料，并进行答辩准备。 教师通过对典型案例的讲解，引导学生讨论并修改实训报告，并进行小组讨论答辩，了解每位学生的工作态度、能力与任务完成情况，考察每位学生掌握实训应培养的能力和知识的掌握程度，最终给出学生的结果性考核评分，结合各阶段过程性评分评定每个学生项目实训成绩	作业文件 1. 房地产营销实训总结； 2. 交流分享成果PPT； 3. 完善的实训项目报告（作业文件）。 考核办法 1. 教师根据成果交流情况进行评价； 2. 实训成绩总评价。 时间安排 实训最后1周内

图 1-5 房地产营销实训教学实施要领与规范（二）

（1）形成性考核

由实训指导教师对每一位学生每一阶段的实训情况进行过程考核。每一阶段根据学生上交的作业文件和业绩记录，依据项目本阶段验收考核要求，参照学生参与工作的热情、工作的态度、与人沟通、独立思考、讨论时的表现、综合分析问题和解决问题的能力、出勤率等方面情况综合评价学生每一阶段的学习成绩。

（2）终结性考核

实训结束时，实训指导教师考查学生的实训项目学习最终完成的结果，根据作业文件提交的齐全与规范程度、完成的相关项目报告或方案是否完善、可行、项目答辩思路、语言表达以及操作业绩等给出终结性考核成绩。

（3）综合评定成绩

根据形成性考核与终结考核两方面成绩，按规定的要求给出学生本项目实训综合评定成绩。形成性考核（过程考核）占70%，终结性考核（结果考核）占30%。

（4）否定项

旷课一天以上、违反教学纪律三次以上且无改正、发生重大责任事故、严重违反校纪校规、不按作业文件要求完成项目报告或方案及其他作业文件。

学生本综合实训项目课程成绩评定标准与打分表，见表1-4、表1-5。

房地产营销业务综合实训考核标准　　　　　　　　　　　　　　　　　表1-4

实训项目	项目内容	项目成绩评定标准				
		90~100	80~89	70~79	60~69	0~50
房地产项目营销业务实训	分组讨论	无迟到、旷课	无迟到、旷课	没有旷课记录	没有旷课记录	旷课1天以上
		口头交流叙述流畅，观点清楚表达简单明白	能比较流畅表达自己的观点	基本表达自己观点	只能表达部分观点	言语含糊不清，思维混乱
		独立学习、检索资料能力强，有详细记录	检索资料能力比较强	基本合理运用资料	运用资料较差	基本不会检索资料
		承担小组的组织工作	积极参与讨论，有建设性意见	积极参与讨论，有自己的意见	参与讨论	不参与讨论
	（任务单001）房地产营销项目背景与市场营销环境分析	正确分析项目与营销环境，书面表达清晰	正确分析项目与营销环境，书面表达清晰	正确分析项目与营销环境，书面表达基本清晰	不能准确分析项目与营销环境，书面表达不清晰	不能正确分析与表达
		草绘图结构形状正确、尺寸合理	楼盘宣传位置图基本合理	楼盘宣传位置图基本合理	楼盘宣传位置图不太合理	不正确
	（任务单002）房地产项目市场分析与营销战略策划	房地产项目市场分析与营销战略策划方案合理、表达清晰	房地产项目市场分析与营销战略策划方案基本合理、表达基本清晰	房地产项目市场分析与营销战略策划方案基本合理、表达基本清晰	房地产项目市场分析与营销战略策划方案基本合理、表达不清晰	房地产项目市场分析与营销战略策划方案不合理
	（任务单003）房地产项目营销策略组合策划	房地产项目营销策略组合策划方案正确、书面表达清晰	房地产项目营销策略组合策划方案正确、书面表达基本清晰	房地产项目营销策略组合策划方案基本正确、书面表达清晰	房地产项目营销策略组合策划方案基本合理、书面表达不清晰	房地产项目营销策略组合方案不合理
	（任务单004）房地产项目楼盘营销计划与组织	房地产项目楼盘营销计划与组织方案正确、表达清晰	房地产项目楼盘营销计划与组织方案正确、表达基本清晰	房地产项目楼盘营销计划与组织方案基本正确、表达基本清晰	房地产项目楼盘营销计划与组织方案基本正确、表达不清晰	房地产项目楼盘营销计划与组织方案不正确

续表

实训项目	项目内容	项目成绩评定标准				
		90~100	80~89	70~79	60~69	0~50
房地产项目营销业务实训	(任务单005)房地产项目楼盘营销计划执行与销售控制管理	房地产项目楼盘营销计划执行与销售控制管理方案正确、表达清晰	房地产项目楼盘营销计划执行与销售控制管理方案正确、表达基本清晰	房地产项目楼盘营销计划执行与销售控制管理方案基本正确、表达基本清晰	房地产项目楼盘营销计划执行与销售控制管理方案基本正确、表达不清晰	房地产项目楼盘营销计划执行与销售控制管理方案不正确
	(任务单006)房地产项目楼盘销售业绩分析与售后服务	房地产项目楼盘销售业绩分析与售后服务方案正确、表达清晰	房地产项目楼盘销售业绩分析与售后服务方案正确、表达基本清晰	房地产项目楼盘销售业绩分析与售后服务方案基本正确、表达基本清晰	房地产项目楼盘销售业绩分析与售后服务方案基本正确、表达不清晰	房地产项目楼盘销售业绩分析与售后服务方案不正确
	(任务单007)房地产营销实训总结与经验分享方案	房地产营销实训总结与经验分享方案正确、表达清晰	房地产营销实训总结与经验分享方案正确、表达基本清晰	房地产营销实训总结与经验分享方案基本正确、表达基本清晰	房地产营销实训总结与经验分享方案基本正确、表达不清晰	房地产营销实训总结与经验分享方案不正确

备注：①在每项任务中都有简短讨论环节；②在每项任务中旷课1天以上，成绩0~59

房地产项目营销综合实训评分表　　　　　　　　　　　　　　　表 1-5

任务单号	小组讨论(10%)	过程评价(20%)	任务单成绩(40%)	完成成果(30%)	小结	比例
001						10%
002						10%
003						15%
004						10%
005						10%
006						10%
007						5%
项目营销操作方案	思路清晰性(0~20)	结构合理性(0~20)	任务正确性(0~40)	形式美观(0~20)		30%
总成绩						

第 2 章 房地产营销综合实训操作

实训 1 房地产营销项目背景与市场营销环境分析

1. 实训技能要求
（1）能够理解房地产营销职业标准内容。
（2）能够理解工匠精神在房地产营销业务中的体现。
（3）能够分解落实营销项目实训任务。
（4）能够进行房地产市场宏观环境分析。
（5）能够进行房地产市场微观环境分析。
（6）能够进行营销项目基本资料信息录入。

2. 实训步骤
（1）营销项目实训任务研讨与落实计划。
（2）房地产市场宏观环境分析。
（3）房地产市场微观环境分析。
（4）计算机实训软件录入营销项目基本资料。

3. 实训知识链接与相关案例
（1）房地产营销项目

① 房地产项目。是指一个房地产将被完成的有限任务，它是在一定时间内，满足一系列特定目标的多项相关工作的总称。包含三层含义：首先，房地产项目是一项有待完成的任务，且有特定的环境与要求；其次，在房地产企业内，利用有限资源（人力、物力、财力等）在规定的时间内完成任务；第三，任务要满足一定性能、质量、数量、技术指标等要求。房地产项目参数包括项目范围、质量、成本、时间、资源。房地产项目主要有住宅项目、商业项目、写字楼项目以及工业项目等。

② 房地产项目特性。位置固定性，也可以称为不可移动性；寿命周期长，投资回收期长；投资成本高；投资风险大；投资收益高，房地产具有保值、增值的优点。

③ 房地产营销项目。房地产营销项目是指用来营销的房地产项目，即营销的对象是房地产项目。

（2）房地产营销实训项目背景

开展房地产营销综合实训，需要一个典型的房地产营销项目作为实训对象。在实训开始前，需要对房地产营销项目的背景做深入的了解。下面介绍南京工业职业技术学院的营销实训项目"保利紫晶山"的项目背景。

案例 2-1 南京工业职业技术学院的营销实训项目背景

房地产营销实训项目名称：保利紫晶山项目。

*保利紫晶山项目开发商*是保利江苏房地产发展有限公司。

*保利紫晶山项目地块*位于南京市栖霞区紫金东麓马群大庄 6 号，土地使用年限 70 年，用地面积 21.44 万 m^2，容积率 1.2，建筑密度 28%，总建筑面积 25.73 万 m^2。项目紧邻

地铁2号线仙鹤门出口，项目位于仙林大道北侧，交通便利，见图2-1。保利紫晶山处于仙林居住板块核心区域，项目地块呈西高东低的自然地形。

图2-1 保利紫晶山地理位置

该项目2010年9月24日正式开工，预计竣工时间为2013年12月1日。建筑设计单位是南京长江都市建筑设计股份有限公司；景观设计单位是广东棕榈园林股份有限公司上海分公司；建筑单位为广州富利建筑安装工程有限公司；营销代理商是广州保利地产代理有限公司南京分公司。

（3）房地产营销

① 市场营销（Marketing）又称为市场学、市场行销或行销学，是指企业通过向顾客提供能满足顾客需要的产品和服务，促使顾客消费企业提供的产品和服务，进而实现企业目标的经营理念和战略管理活动。

② 房地产市场营销是房地产企业在房地产市场上进行的营销活动。

③ 房地产市场营销流程见图2-2。

（4）房地产营销策划

① 策划是指人们为了达成某种特定的目标，借助一定的科学方法和艺术，为决策、计划而构思、设计、制作科学行动方案的过程。通常，策划包括策略方案的思考和计划编制。

② 房地产营销策划。是指房地产企业为了取得理想的销售推广效果，在进

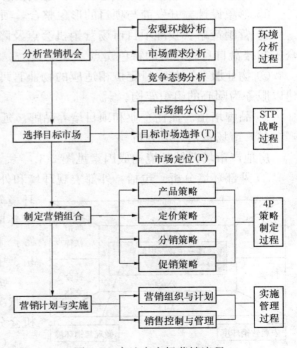

图2-2 房地产市场营销流程

行环境分析的基础上,利用其可动用的各种外部及内部资源进行优化组合,制定计划并统筹执行的过程。房地产营销策划是一项有连续性的系统工程,它统筹所有房地产销售及宣传推广工作。营销策划是对营销活动的设计与计划,而营销活动是企业的市场开拓活动,它贯穿于企业经营管理过程。

③ 房地产营销策划的原理。主要有:A. 创新性原理;B. 人本原理;C. 差异性原理;D. 整合原理,每个策划点要环环相扣、统筹安排、目的一致,实行立体营销,坚持整合推广。

④ 房地产营销策划的原则。A. 全程营销策划原则;B. 客观性原则,从客户出发,既符合实际,又有所超前;C. 可行性原则;D. 可持续性原则,保持项目各策划点的连贯性,使营销的各个阶段互相呼应、节奏明晰,逐渐加强客户对项目的良好印象;E. 应变原则,在动态变化的复杂环境中及时把握信息、预测变化方向,调整、修改策划方案。

(5) 房地产全程策划模式

就是对房地产项目进行"全过程"的策划,即从项目前期的市场调研开始到项目后期的物业服务等各个方面都进行全方位策划,为投资者提供标本兼治的全过程策划服务,每个环节都以提升项目的价值为重点,使项目以最佳的状态走向市场。内容有:

① 市场研究。对项目所处的经济环境、市场状况、同类楼盘进行调研分析。

② 土地研究。对土地的优势、劣势、机会和威胁进行分析研究,挖掘土地的潜在价值。

③ 项目分析。分析项目自身条件及市场竞争情况,确定项目定位策略。

④ 项目规划。提出建议性项目经济指标、市场要求、规划设计、建筑风格、户型设计及综合设施配套等。

⑤ 概念设计。包括规划概念设计、建筑概念设计、环境概念设计和艺术概念设计。

⑥ 形象设计。开发商与项目的形象整合,项目形象、概念及品牌前期推广。

⑦ 营销策略。找准项目市场营销机会点及障碍点,整合项目外在资源,挖掘并向公众告知楼盘自身所具有的特色卖点。

⑧ 物业服务。与项目定位相适应的物业管理概念提示,将服务意识传播给员工,构建以服务为圆心的组织架构。

⑨ 品牌培植。抓住企业和项目培养品牌,延伸产品的价值。

(6) 市场营销环境分析

房地产市场营销环境构成因素见图2-3。

① 外部环境分析。包括:外部宏观环境和外部微观环境。外部宏观环境分析有政治环境分析、经济环境分析、社会环境分析、技术环境分析、人口分布环境和自然环境分析等;微观环境分析包括供应商分析、竞争者分析、中介机构分析、客户和公共机构分析等。

② 内部环境分析。主要是对企业内部经营状况的分析,包括:优势分析、劣势分析、机会分析和威胁分析等。

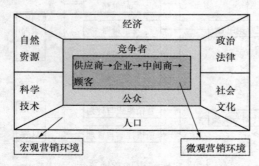

图2-3 房地产市场营销环境构成因素

(7) 房地产市场宏观环境分析

房地产市场营销宏观环境可以从经济发展

环境、政治法律环境、社会文化环境、人口环境等6个方面来分析。

（8）房地产市场微观环境分析

微观营销环境是直接制约和影响企业营销活动的力量和因素，必须对微观营销环境进行分析，目的是更好协调企业与这些相关群体的关系，促进企业营销目标的实现。房地产市场营销微观环境分析主要从供应商、房地产开发企业、房地产中介、顾客等6个方面进行。

4. 实训要领与相关经验

房地产营销项目背景与市场营销环境分析实训用时1～2天。教师要指导学生填写实训进度计划表1-1、考勤表1-3以及作业文件"综合实训项目学习活动任务单001：房地产营销项目背景与市场营销环境分析操作记录表（表2-4～表2-6）"。

（1）营销项目实训任务研讨与落实计划要领

①研讨房地产营销项目实训任务。认真分析房地产营销实训项目背景，需要对房地产营销项目的背景做一个深入的了解，然后才能按照房地产市场营销流程开展房地产营销策划与策划实训。②落实房地产营销项目实训计划。通过对营销项目实训任务的充分研讨，按照项目的全程营销策划模式制定实训计划，并具体到项目组的每一个人，见表1-1。

（2）地产市场宏观环境分析要领

房地产市场宏观环境分析属于市场营销环境分析中的外部环境分析，分析的内容见表2-1。

房地产市场营销宏观环境分析　　　　表2-1

房地产市场营销环境	经济发展环境	经济发展形势	国际经济发展形势
			全国经济发展形势
			当地城市经济发展形势
			城市内某地段的经济发展态势
		市民的收入	收入水平
			贫富差异程度
		资金市场发展形势	利率
			贷款条件
		房地产市场发展态势	
	政治法律环境	政治环境	政治局势
			政府房地产调控政策，包括政府土地供应的数量和开发条件、税费等
			市场机制
		法律环境	房地产直接法律
			房地产间接法律
	社会文化环境	教育状况	
		宗教信仰	
		价值观念	
		消费习俗	
		城市历史传统文化	
	人口环境	人口数量	
		人口结构：年龄结构、性别结构、教育结构、职业结构、收入结构、阶层结构和民族结构	
		人口分布：城乡人口分布；区域人口分布；户籍人口	
		家庭组成	
	科学技术环境	科学技术环境分析要素	
	自然资源环境	自然资源的特点、城市自然环境	

经验 2-1　人口结构不同，房地产需求有别

不同的人及其家庭对住宅和相关配套设施的需求是不同的。大家庭要比小两口家庭对住宅面积的要求要大一些；高收入家庭对住宅舒适度的要求则要高一些；丁克家庭对住宅的要求又与有子女的家庭对住宅的要求有所区别，强调高档次；单身人士对居所的要求又与成家的人士对居所的要求有所不同，强调高品位；流动人口与有户籍人口对住宅的购买心理也是完全不同的，需要房地产营销人员认真加以分析。

经验 2-2　房地产宏观环境的简单分析法——PESC 分析法

PESC 分析法是一个常见的分析工具，它是指对宏观环境的分析，P 是政治（Political System）法律因素分析，E 是经济（Economic）因素分析，S 是社会（Social）文化因素分析，C 是社区（Community）因素分析，从总体上把握企业所处的宏观环境，并评价这些因素对企业的影响。

政治（Political System）法律因素分析。主要是了解对房地产市场起影响和制约作用的政治形势、国家对房地产行业管理的有关方针政策、有关法律法规及其变化等，包括：a. 各级政府有关房地产开发经营的方针政策。如房改政策、开发区政策、房地产价格政策、房地产税收政策、房地产金融政策、土地分等定级及地价政策、人口政策和产业发展政策等；b. 各级政府有关国民经济社会发展计划、发展规划、土地利用规划、城乡规划和区域规划等；c. 国家有关法律法规，如环境保护法、土地管理法、城市房地产管理法、广告法、反不正当竞争法等；d. 政府有关方针和政策，如产业政策、税收政策、财政政策、物价政策、就业政策等；e. 政局的变化，包括国际和国内政治形势、政府的重大人事变动等。

经济（Economic）因素分析。应该把握企业所在地区的总的经济发展前景，具体包括：a. 国家、地区或城市的经济特性，包括经济发展规模、趋势、速度和效益；b. 项目所在地区的经济结构、人口及其就业状况、就学条件、基础设施情况、地区内的重点开发区域、同类竞争物业的供给情况；c. 一般利率水平，获取贷款的可能性以及预期的通货膨胀率；d. 国民经济产业结构和主导产业；e. 居民收入水平、消费结构和消费水平；f. 物价水平及通货膨胀；g. 项目所在地区的对外开放程度和国际经济合作的情况，对外贸易和外商投资的发展情况；h. 与特定房地产开发类型和开发地点相关因素的调研。

社会（Social）文化因素分析。社会文化环境影响着房地产消费者购买房地产产品的动机、种类、方式。某一地区人们所持有的核心文化价值观念具有高度的持续性，因此房地产企业必须了解当地消费者的文化和传统习惯，才能为当地消费者所接受。文化环境调研的内容主要包括：a. 居民职业构成、教育程度、文化水平等；b. 家庭人口规模及构成；c. 居民家庭生活习惯、审美观念及价值取向等；d. 消费者民族与宗教信仰、社会风俗等。

社区（Community）因素分析。社区环境直接影响着房地产产品的价格，这是房地产商品特有的属性。社区环境调研内容包括：社区繁荣程度、购物条件、文化氛围、居民素质、交通和教育的便利、安全保障程度、卫生、空气和水源质量及景观等方面。

(3) 地产市场微观环境分析要领

房地产市场微观环境分析属于市场营销环境分析中的外部环境分析,房地产市场营销微观环境分析主要抓住 6 个方面,见表 2-2。

房地产市场营销微观环境　　　　　　　　　　表 2-2

	市场营销微观环境要素	
房地产市场营销环境	供应商	及时性和稳定性
		价格变化
		质量保证
	房地产开发企业	企业内部的环境力量和因素
		营销部门与企业其他部门之间的合作程度
	房地产中介	中间商,即营销代理机构
		营销服务机构
		金融机构
	顾客	消费者、生产者、中间商、政府市场、国际市场
		需求规模、需求结构、需求心理以及购买特点
	竞争者	竞争企业的数量、规模和能力
		竞争企业对竞争产品的依赖程度
		竞争企业所采取的营销策略及其对其他企业策略的反映程度
		竞争企业能够获取优势的特殊生产资源要素来源及供应渠道
	公众	金融公众、媒介公众、政府公众
		社团公众、社区公众

(4) 计算机实训软件录入营销项目基本资料要领:①将房地产市场营销环境分析报告录入营销实训软件中;②按营销实训软件录入营销项目背景见图 2-4。

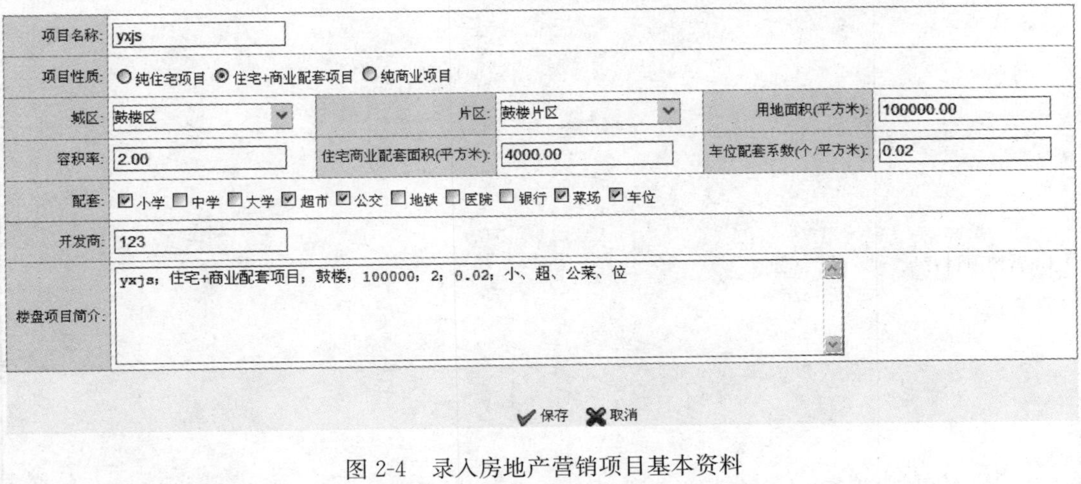

图 2-4　录入房地产营销项目基本资料

5. 作业任务及作业规范

(1) 作业任务

实训 1 的作业任务是"房地产营销项目背景与市场营销环境分析",具体内容见表 2-3。

房地产营销项目背景与市场营销环境分析作业安排　　　　　　　　　　表 2-3

日期	地点	组织形式	学生工作任务	学生作业文件	教师指导要求
		①集中布置任务 ②集中现场考察 ③小组上网 ④小组讨论	①营销业务实训任务研讨,填写实训工作计划表见表 1-1 ②房地产市场宏观环境分析 ③房地产市场微观环境分析 ④计算机实训软件录入营销项目基本资料	房地产营销项目背景与市场营销环境分析报告	①全班学生分组 ②宣布纪律和注意事项 ③布置实训总任务和实训 1 任务 ④组织讨论 ⑤指导业务过程 ⑥考核作业成绩

(2) 作业规范

实训 1 的作业规范,见综合实训项目学习活动 1:房地产营销项目背景与市场营销环境分析操作记录"题目 1～题目 3"。

综合实训项目学习活动任务单 001:

房地产营销项目背景与市场营销环境分析
操作记录表(表 2-4～表 2-6)

题目 1　营销项目背景与地理位置图　　　　　　　　　　　　　　　　表 2-4

操作内容	规　范　要　求
1. 营销项目背景	(1) 该地块的拍卖公告、中标公司、开发时间;(2) 规划指标:①出让面积、②容积率、③绿化率等;(3) 不超过 800 字

续表

操作内容	规范要求
1. 营销项目背景	

续表

操作内容	规 范 要 求
2. 项目地理位置图	（1）手绘或地图截图；（2）图上标注地块要明显；（3）图上要有市中心、主要城市标志和主干道等

注：可续页。

题目2 当地城市房地产营销环境分析　　　　　　　　　　表 2-5

操作内容	规 范 要 求
1. 分析当地城市房地产市场的宏观营销环境	（1）经济发展环境：①经济发展形势，国际经济发展形势、全国经济发展形势、当地城市经济发展形势、城市内该项目地段的经济发展态势；②市民的收入，收入水平、贫富差异程度；③资金市场发展形势，利率、贷款条件；④房地产市场发展态势。（2）政治法律环境：①政治环境，政治局势、政府房地产调控政策、市场机制；②法律环境，房地产直接法律、间接法律；（3）社会文化环境：教育状况、宗教信仰、价值观念、消费习俗、城市历史传统文化；（4）人口环境：人口数量、人口结构、人口分布、家庭组成；（5）科学技术环境：用于房地产产品的新技术、用于房地产产品的新材料、建筑新技术；（6）自然资源环境：是否地震带、地质较软或较硬的地带、地形起伏与地表水、气候及降雨；（7）按表 2-1 分析，不超过 1000 字

续表

操作内容	规 范 要 求
1. 分析当地城市房地产市场的宏观营销环境	

续表

操作内容	规 范 要 求
2. 分析当地城市房地产市场的微观营销环境	（1）供应商：政府土地、建筑商；（2）房地产开发企业；（3）房地产中介；（4）顾客；（5）竞争者；（6）公众；（7）按表 2-1 分析，不超过 1000 字

续表

操作内容	规 范 要 求
2. 分析当地城市房地产市场的微观营销环境	

注：可续页。

题目3 计算机实训软件录入营销项目基本资料　　　　　　　　表2-6

操作内容	规 范 要 求
1. 录入营销项目背景资料	认真解读营销项目地块信息，从中提取信息参数、完整填写营销项目背景资料。如果录入成功，则进入后续营销业务过程；如果失败，则重新寻找营销项目
2. 录入当地城市房地产营销环境分析报告	录入"表2-4"和"表2-5"内容

6. 实训考核

主要是形成性考核。由实训指导教师对每一位学生这一阶段的实训情况进行过程考核，根据学生上交的作业文件"综合实训项目学习活动任务单001：房地产营销项目背景与市场营销环境分析操作记录表（表2-4～表2-6）"3个题目的完成质量，参照学生参与工作的热情、工作的态度、与人沟通、独立思考、讨论时的表现、综合分析问题和解决问题的能力、出勤率等方面情况综合评价学生这一阶段的学习成绩，把考核成绩填写在表2-52中。

实训2　房地产项目市场分析与营销战略策划

1. 实训技能要求

（1）能够遵循房地产营销职业标准相关内容。
（2）能够在房地产营销业务中体现工匠精神。
（3）能够进行房地产项目市场调研与预测。
（4）能够进行房地产项目市场细分。
（5）能够进行房地产项目目标市场选择。
（6）能够进行房地产项目市场定位策划。
（7）能够进行营销项目战略策划内容信息录入。

2. 实训步骤

（1）房地产项目市场调研。
（2）房地产项目市场预测。
（3）房地产项目市场细分。
（4）房地产项目目标市场选择。
（5）房地产项目市场定位策划。
（6）计算机实训软件录入营销项目战略策划内容。

3. 实训知识链接与相关案例

（1）房地产市场及其特点、类型

① 房地产市场。是指从事房产、土地的出售、租赁、买卖、抵押等交易活动的场所或领域。房产包括作为居民个人消费资料的住宅，也包括作为生产资料的厂房、办公楼等。

②房地产市场特点。房地产市场具有交易对象和交易方式的多样性、消费和投资的双重性、供给和需求的不平衡性等特点，具体体现在：A. 房地产具有不可移性，因此其转移是无形权益的转移；B. 房地产市场是一个产品差异化的市场；C. 房地产市场是一个地区性市场，极少带有全国性和国际性；D. 房地产市场容易出现垄断和投机；E. 房地产市场的政策性很强；F. 一般人非经常性参与；G. 房地产交易的金额较大，依赖于金融机构的支持与配合；H. 房地产市场是一个专业性很强的市场，有广泛的房地产专业人士服务。

③房地产市场类型（表2-7）。

房地产市场类型　　　　　　　　　　　　　表 2-7

序号	分类依据	房地产市场类型
1	用途	住宅、写字楼、商业用房、工业用房、特殊用房等房地产市场
2	表现形式	房产市场、地产市场、劳动力市场、资金市场、信息市场
3	供需行情	买方市场、卖方市场
4	供货方式	现房市场、期房市场
5	权益转让形式	买卖市场、租赁市场、抵押市场、典当市场
6	区域范围	全国、区域、大城市、中小城市等房地产市场
7	交易场所	有形市场、无形市场（网上交易）
8	交易关系	房源、客源
9	市场层次	一级市场（土地）、二级市场（商品房）、三级市场（二手房）
10	市场主体	消费房地产市场、投资房地产市场

（2）房地产供给与需求

① 房地产供给。是指房地产开发商和拥有者（卖者）在特定时间、以特定价格所愿意且能够出售的该种房地产的数量。决定房地产供给量的因素主要有：该种房地产的价格水平，价格越高，供给量就会越多；该种房地产的开发成本，开发成本上升会使供给减少；该种房地产的开发技术水平，技术水平提高可以降低开发成本，加大供给；开发商对未来的预期，预期看好，会使未来的供给增加。

② 房地产需求。是指消费者在某一特定的时间内，在某一价格水平下，对某种房地产所愿意并且能够购买（或承租）的数量。房地产市场需求是所有消费者需求的总和。需求种类：消费性需求、投资性需求、投机性需求、盲目性跟风需求。决定房地产需求量的因素主要有：该种房地产的价格水平；消费者的收入水平；消费者的偏好；相关房地产的价格水平；消费者对未来的预期。

③ 房地产供求平衡。在一定时间、一定区域内房地产的供给量等于需求量，叫作房地产供求平衡。这是一种理想的状态，在现实中是很难达到房地产供求平衡的，需要政策上适当调控。

（3）房地产市场调研及方法

① 房地产市场调研亦即市场调查，就是针对房地产市场某一特定问题运用科学理论，设计收集信息的方法，有目的、有计划地搜集、整理和分析与房地产企业市场营销有关的各种情报、信息和资料，从中识别和确定市场营销机会及问题，为房地产企业营销决策提供依据的信息管理活动。

② 按调研的功能划分，营销调研分为：探索性调研、描述性调研、因果性调研、预测性调研。

③ 房地产市场调研的方法。可分为两大类：一类是按选择调研对象来划分，有全面调研、重点调研、抽样调研等；另一类是按调研对象所采用的具体方法来划分，有访问法、观察法、实验法。

（4）房地产调研资料搜集的途径和内容

① 房地产市场调研搜集资料的途径。主要有：交易双方当事人；促成房地产交易行为的中间商；房地产开发商公开推出的各种销售或出租广告；熟悉房地产市场的人士，如房地产经纪人、估价师等；同业间资料的交流；准交易资料的搜集；向房地产租售经办人员讨教，参加房地产交易展示会、展览会，了解各类信息、行情，索取有关资料；各类次级资料。

② 搜集资料的内容。可分为初级（一手）资料及次级（二手）资料两类。初级资料的搜集是依据特定目的，遵循完整的研究设计及调研设计，并通过调研执行、资料处理与分析，来得到所需的资料。次级资料有内部次级资料和外部次级资料。外部次级资料来源主要包括官方、学术单位、产业三大部分。

（5）房地产市场预测

是在市场调研获得一定资料的基础上，针对需要，运用已有的知识、经验和科学方法，对房地产企业和市场的未来发展趋势以及与之相关的营销环境因素进行分析和判断，从而为房地产企业的营销决策提供依据。房地产市场的预测的主要内容包括三个方面：房地产市场需求预测、房地产供给预测、房地产价格预测。房地产市场预测的核心是需求预测，主要是住宅市场需求预测和商业写字楼市场预测。

（6）房地产 STP 战略

是房地产目标市场营销，分为三个步骤，即市场细分（S-Segmenting market）、选择目标市场（T-Targeting market）、市场定位（P-Positioning），又称 STP 营销或 STP 三部曲。市场细分、目标市场选择和定位的步骤见图 2-5。

（7）房地产市场细分

是指在房地产市场调研的基础上，从消费者需求的差别出发，以消费者的需求为立足点，根据消费者购买行为的差异性，把消费者市场划分为具有类似性的若干不同的购买群体——子市场，使房地产企业可以从中认定目标市场的过程和策略。

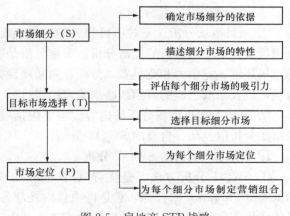

图 2-5 房地产 STP 战略

① 房地产市场细分的依据（表2-8）。

房地产市场细分的主要依据　　　　　　表2-8

序号	市场细分的依据		细分内容
1	地理因素	居住区	都市、近郊、乡村
2		区域	东部、西部、南部、北部、中部
3	人口因素	家庭规模	1人、2～3人、4～5人、6人以上
4		家庭收入（年）	5万元以下、5万～10万、10万～20万、20万元以上
5	心理因素	活动	保守型、激进型、自由型
6		兴趣	外向型、内向型
7		意见	主导型、服从型
8	行为因素	对价格反应	高价、中价、低价；价格弹性小（无所谓）
9		对促销推广反应	冲动型、理智型、经济型、感情型

② 房地产市场细分的方法

第一步，在细分依据中选择重点因素。房地产市场细分所要重点考虑的因素一般有4项：A. 收入状况，决定其购买能力；B. 购买动机，决定其购买欲望；C. 需求档次，决定整个项目的市场定位；D. 需求房型，决定项目楼盘的产品类型。

第二步，根据重点因素进行市场细分。这是一个将消费者特征和产品特征进行匹配的过程。比如，高收入的经理阶层，其买房的动机就不仅是自用，可能是处于某种炫耀的心理，或者是证明自己成功的心理，他们对档次的要求一般是高档的，对房型的要求就可能是别墅住宅或市区里离其办公地点较近的高级公寓。再比如，低收入的打工阶层，其买房的动机就是自住或接父母同住，他对档次的要求一般是不挑剔的，对房型的要求能够住就行，离市中心远点也能接受。

第三步，评价市场细分结果。一个成功的市场细分必须满足4点：A. 要形成足够进行开发的销量并能产生利润，确保在盈亏平衡点之上；B. 细分之后的市场的需求和购买力可以量化处理，能估算出投资回报；C. 细分之后的市场上的消费者可以通过某种营销渠道最大幅度地接近，便于楼盘成功销售；D. 细分之后的市场的营销行为相对单一，可以促使其产生购买行为。

(8) 房地产项目市场分析

① 项目市场分析。是对项目相关的市场规模、位置、性质、特点、市场容量及吸引范围等调查资料所进行的经济分析。市场分析是通过市场调查和供求预测，根据项目产品的市场环境、竞争力和竞争者，分析、判断项目投资后所开发的产品在限定时间内是否有市场，以及采取怎样的营销战略来实现销售目标。

② 房地产项目市场分析的内容。主要包括项目所在的总体市场分析、项目所在的地段市场分析以及项目自身的SWOT分析。

(9) 房地产项目的SWOT分析

① SWOT分析方法。是优势（Strengh）、劣势（Weakness）、机会（Opportunity）和威胁（Threats）的合称，它是将项目内外部各方面内容进行综合和概括，进而分析项目的优势和劣势、机会和威胁的一种方法。其中，优势和劣势分析主要着眼于项目自身的

实力及与竞争对手的比较；而机会和威胁分析是指外部环境的变化及对项目的可能影响，两者之间有着紧密的联系。房地产项目的 SWOT 分析内容见图 2-6，可以从项目位置、交通、当地居民收入、人文氛围、房地产政策、城市规划等方面来分析。房地产项目的 SWOT 分析过程，可以借助表格来完成，见表 2-9。

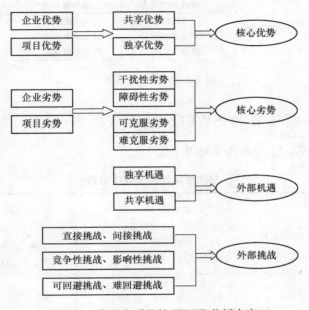

图 2-6 房地产项目的 SWOT 分析内容

房地产项目的 SWOT 分析 表 2-9

项目名称		××项目	
S-优势	S1. 地段	W-劣势	W1. 地段
	S2. 交通		W2. 规模
	S3. 配套		W3. 产品
	S4. 产品		W4. ……
O-机会	O1. 规划	T-威胁	T1. 竞争
	O2. 政策		T2. 时机
	O3. ……		T3. ……
	O4. ……		T4. ……
综合分析结论	对优势、劣势、机会、威胁进行分析比较，判断项目的前景		

② SWOT 分析矩阵与营销战略。根据上述房地产项目的 SWOT 分析，就可以按照 SWOT 分析矩阵，见图 2-7，采取相应的市场营销战略。企业可选择的四种战略：

SO 战略——理想的业务，机会多、威胁少；
WO 战略——风险的业务，机会多、威胁多；
ST 战略——成熟的业务，机会少、威胁少；

WT战略——麻烦的业务，机会少、威胁多。

项目战略	内部优势 S	内部劣势 W
外部机会 O	SO战略 依靠内部优势 抓住外部机会	WO战略 利用外部机会 克服内部弱点
外部威胁 T	ST战略 利用内部优势 抵制外部威胁	WT战略 减少内部弱点 回避外部威胁

图 2-7 SWOT 分析矩阵

案例 2-2 某住宅项目的 SWOT 分析与战略

某住宅项目的 SWOT 分析与战略见表 2-10。

某住宅项目的 SWOT 分析　　　　　　表 2-10

某住宅项目战略	内部优势（S） CBD特殊地理位置 区域配套 园林平台、外立面等	内部劣势（W） 片区形象差 生活氛围不足 目前交通障碍
外部机会（O） 宏观经济情况好 城市化加速	SO战略：发挥优势，抢占机会 1. 分阶段展示，价值最大化 2. 诚信宣言，树立诚信形象	WO战略：利用机会，克服劣势 1. CBD生活价值挖掘 2. 远期价值展示
外部威胁（T） 供应量多 景观、价格竞争激烈 CBD的不成熟性	ST战略：发挥优势，转化威胁 1. 抢时间，避免分流 2. 产品领先/形象领先战略——突出	WT战略：减小劣势，避免威胁 1. 理性入市，火爆开场 2. 改变市场运行规则——必杀技

（10）房地产项目竞争者及其竞争性楼盘的分析

① 竞争者分析。是指企业通过某种分析方法识别出竞争对手，并对它们的目标、资源、市场力量和当前战略等要素进行评价。

② 对竞争者的竞争性楼盘的分析，见表 2-14，房地产个案实调分析表。分析竞争者的优劣势，包括：A. 产品，竞争企业产品在市场上的地位、产品的适销性以及产品系列的宽度与深度；B. 销售渠道；C. 市场营销能力；D. 资金实力；E. 管理能力等。

（11）房地产目标市场（Target market）选择

① 房地产目标市场。是指房地产企业在市场细分的基础上，经过评价和筛选后决定要进入的那个市场部分，也就是房地产企业准备用其产品或服务来满足的一组特定消费者。房地产目标市场选择的条件：A. 有足够的规模和良好的发展潜力。B. 具有良好的盈利能力。

② 房地产目标市场选择的原则。有 7 个原则，见图 2-8。

③ 房地产项目目标市场选择战略。有3种，见图2-9。目标市场营销战略选择的影响因素有企业实力、产品差异性、产品所处的生命周期阶段、市场差异性以及竞争者的营销战略等。

（12）房地产项目定位（P）及内容

① 房地产项目定位（Positioning）。就是目标地块所开发楼盘的市场定位和目标客户

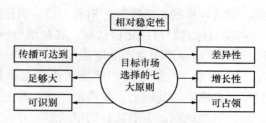

图2-8 房地产目标市场选择原则

群定位，以便在目标顾客的心目中占有独特的地位。产品市场定位的手段是差异化，选择房地产项目整体定位战略见图2-10。

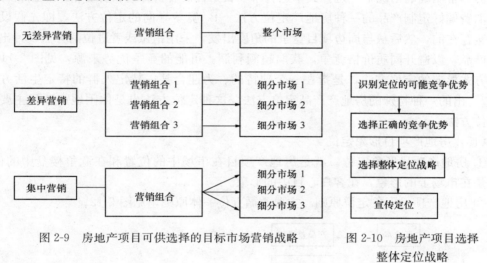

图2-9 房地产项目可供选择的目标市场营销战略　　图2-10 房地产项目选择整体定位战略

② 房地产项目定位的内容。包括：A. 客户定位，如高端客户、中端客户、低端客户；B. 产品定位，如品质定位、价格定位；C. 形象定位，如：主题定位、竞争定位。市场定位以后，房地产项目实施才进入实质阶段。

③ 房地产项目的定位语。指高度概括项目定位特征的精炼语言，一般用一句话，便于市场传达和目标客户记忆。

案例2-3　商务写字楼定位语

南京某项目是个商务写字楼，项目体量很大，套型面积在 $300\sim2000m^2$ 左右，以办公为主，目标是改变城市办公写字楼形象。

其定位语可选用"一栋改变世界的力量"、"南京市对话世界的平台"或"南京CBD首席商务写字楼"等。

（13）房地产项目客户定位

① 房地产项目客户定位。是指在项目市场定位的基础上，企业为该项目确定、确认潜在客户的过程。一般是通过区域、人文、消费心理、购买行为等方面来全方位刻画客户

群，明确客户的生活惯性、消费习惯、居住意识等，为项目营销推广提供准对象。

② 目标客户群的定位过程。客户细分→客户需求分析→锁定目标客户群。

（14）房地产项目产品定位

① 房地产产品定位。是指企业在对项目市场细分、目标市场选择、客户需求分析、目标客户锁定的基础上，对房地产项目的主要技术参数、开发模式等的确定和确认，是对产品的概念规划，争取独特的市场形象并为市场所接收。

② 产品定位的内容包括：小区规划、建筑风格、小区环境、户型设计、功能定位、物业名称、物业管理等内容。

③ 房地产产品定位方法。主要有：A. 需求导向的定位方法，是指在项目所在地段需求客群非常明确的情况下，选择其中适合本项目条件的客群作为目标客群，根据目标客户群的消费偏好定制产品的一种房地产定位方法。B. 竞争导向的定位方法，即先假设需求是切实存在的，然后从与周边项目竞争的角度出发，采用错位或者进位的方法设计出差异化的产品，以避开同质价格竞争，获取超额利润。可能的竞争优势来源，见图2-11。C. 生活方式导向的定位方法，是指在一个独特的、为迎合某一特定人群的特定生活方式而"创造"出的一种特殊的房地产产品定位方法。这种定位方法也是休闲地产项目主要运用的定位方法。

（15）房地产项目形象定位

① 房地产项目形象定位。就是房地产项目在市场中的位置和在竞争楼盘中的位置，也就是在市场上的形象，在客户心目中的形象。

② 房地产项目形象定位原则。主要遵循五位一体原则，见图2-12。

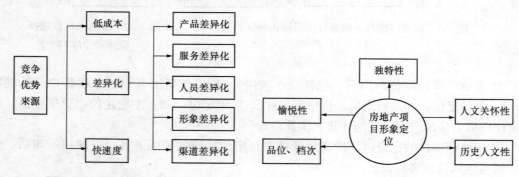

图2-11 可能的竞争优势来源　　图2-12 房地产项目形象定位五位一体原则

4. 实训要领与相关经验

房地产项目市场分析与营销战略策划实训用时1～2天。教师要指导学生填写实训进度计划表1-1、考勤表1-3以及作业文件"综合实训项目学习活动任务单002：房地产项目市场分析与营销战略策划操作记录表（表2-17～表2-20）"。

（1）房地产项目市场调研与分析要领

房地产调研，需要设计一套表格，房地产市场调研工作至少应设计以下4种调研表格：

① 当地房地产资源统计表（表2-11）。

房地产资源统计表　　　　　　　　　　　　　表 2-11

调研名称			调研目的		
调研地点			调研人员		调研时间
序号	调研项目		内容描述		备注
1	房地产分布				
2	类型、面积				
3	单位价格、总价				
4	开发程度、居住密度				
5	交易状况和规模				
6	使用期限、抵押保险				
7	政策限制				
8	竞争程度				
9	发展远景				
10	其他具体情况				
主要结论					

负责人（签名）

② 房地产出租市场统计表（表 2-12）。

房地产出租市场统计表　　　　　　　　　　　　表 2-12

调研名称			调研目的		
调研地点			调研人员		调研时间
序号	调研项目		内容描述		备注
1	出租房地产名称				
2	出租面积				
3	租金水平				
4	出租房的类型和等级				
5	室内设备状况				
6	环境条件（庭院、阳台、停车场、文娱场所、交通和购物等）				
7	空置率				
8	影响房租市场的最大因素				
9	具体房东的记录				
10	出租公司的资料				
主要结论					

负责人（签名）

③ 房地产出售统计表（表 2-13）。

房地产出售统计表　　　　　　　　　　　　表 2-13

调研名称			调研目的		
调研地点		调研人员		调研时间	
序号	调研项目	内容描述			备注
1	已售和待售房地产的名称				
2	地区				
3	开发商				
4	数量				
5	结构类型				
6	成交期				
7	成交条件（预付款、贷款额和利率、偿还约束、其他附加条款等）				
8	出售时的房龄和状况				
9	客户资料				
10	其他情况				
主要结论					

负责人（签名）

④ 房地产个案实调分析表（表 2-14）。

房地产个案实调分析表　　　　　　　　　　　表 2-14

调研名称			调研目的		
调研地点		调研人员		调研时间	
序号	调研项目	内容描述			备注
1	案名、区位				
2	投资（开发）公司				
3	产品规划				
4	推出日期、入伙日期				
5	基地面积、建筑密度				
6	土地使用权年限				
7	单位售价、付款方式				
8	产品特色				
9	销售策略				
10	客源分析				
11	媒体广告				
12	调研资料来源				
13	其他情况				
主要结论					

负责人（签名）

经验2-3 房地产项目竞争者快速简易分析法

在实际操作中由于时间紧迫、人手少等原因，对房地产项目竞争者的分析主要采用对细分市场竞争者的分析，内容主要有：

细分市场竞争者产品的供应量；

竞争者产品的空置率；

竞争者产品的市场价格。

分析方法主要采用楼盘营销实证分析比较法，在当地寻找几个类似的竞争者楼盘进行分析对比，详细采用SWT分析法。

经验2-4 房地产市场供需调研要点

房地产市场供给调研。房地产市场的供给是指在某一时期内为房地产市场提供房地产产品的总量。主要调研3个方面：①行情调研。a. 整个地区市场，房地产市场现有产品的供给总量、供给结构、供给变化趋势、市场占有率；b. 房地产市场的销售状况与销售潜力；c. 房地产市场产品的市场生命周期；d. 房地产产品供给的充足程度、房地产企业的种类和数量、是否存在着市场空隙；e. 有关同类房地产企业的生产经营成本、价格、利润的比较；f. 整个房地产产品价格水平的现状和趋势，最适合于客户接受的价格策略；g. 新产品定价及价格变动幅度等。②市场反响调研。包括：a. 现有房地产租售客户和业主对房地产的环境、功能、格局、售后服务的意见及对某种房地产产品的接受程度；b. 新技术、新产品、新工艺、新材料的出现及其在房地产产品上的应用情况。③建筑设计及施工企业的有关情况调研。包括：建筑设计及施工企业的信誉、资质和业绩等情况。

房地产市场需求调研主要包括以下3个方面：

①房地产消费者调研。主要是调研房地产消费者的数量及其构成，包括：a. 消费者对某类房地产的总需求量及其饱和点、房地产市场需求发展趋势；b. 房地产现实与潜在消费者数量与结构，如地区、年龄、职业等；c. 消费者的经济来源和经济收入水平；d. 消费者的实际支付能力；e. 消费者对房地产产品质量、价格、服务等方面的要求和意见等。

②房地产消费动机调研。房地产消费动机就是为满足一定的需要，而引起人们购买房地产产品的愿望和意念。房地产消费动机主要包括：消费者的购买意向、影响消费者购买动机的因素、消费者购买动机的类型等。

③房地产消费行为调研。房地产消费行为是房地产消费者在实际房地产消费过程中的具体表现。房地产消费行为的调研就是对房地产消费者购买模式和习惯的调研，包括：a. 消费者购买房地产商品的数量及种类；b. 消费者对房屋设计、价格、质量及位置的要求；c. 消费者对本企业房地产商品的信赖程度和印象；d. 房地产商品购买行为的主要决策者和影响者情况等。

经验2-5 房地产市场营销活动调研要点

房地产市场营销活动是一系列活动的组合，包括房地产产品、价格、促销、广告等活动。房地产市场营销活动调研主要在4个方面：

①房地产市场竞争情况调研。包括竞争企业和竞争产品两方面内容。a. 对竞争企业的调研主要包括：竞争企业的数量、规模、实力状况；竞争企业的生产能力、技术装备水平和社会信誉；竞争企业所采用的市场营销策略以及新产品的开发情况；对房地产企业未来市场竞争情况的分析、预测等。b. 对竞争产品的调研主要包括：竞争产品的设计、结构、质量、服务状况；竞争产品的市场定价及反应状况；竞争产品的市场占有率；消费者对竞争产品的态度和接受情况等。

②房地产价格调研。内容包括：a. 影响房地产价格变化的因素，特别是国家价格政策对房地产企业定价的影响；b. 房地产市场供求情况的变化趋势；c. 房地产商品价格需求弹性和供给弹性的大小；d. 开发企业各种不同的价格策略和定价方法对房地产租售量的影响；e. 国际、国内相关房地产市场的价格；f. 开发个案所在城市及街区房地产市场价格。

③房地产促销调研。内容包括：a. 房地产企业促销方式，广告媒介的比较、选择；b. 房地产广告的时空分布及广告效果测定；c. 房地产广告媒体使用情况调研；d. 房地产商品广告计划和预算的拟定；e. 房地产广告代理公司的选择；f. 人员促销的配备状况；g. 各种营业推广活动的租售绩效。

④房地产营销渠道调研。内容包括：a. 房地产营销渠道的选择、控制与调整情况；b. 房地产市场营销方式的采用情况、发展趋势及其原因；c. 租售代理商的数量、素质及其租售代理的情况；d. 房地产租售客户对租售代理商的评价。

⑤房地产项目市场分析（表2-15）。

房地产市场分析内容　　　　　表2-15

		项目市场分析要素	
房地产项目市场分析	项目所在地总体市场分析	市场供求现状分析	需求分析
			供给分析
			价格分析：售价和租价
			交易数量分析
			空置率分析
		房地产信贷条件分析	利率
			贷款条件
		房地产市场周期阶段分析：兴旺—平淡—萧条—复苏	
	项目所在地地段市场分析	该地段限制因素分析	城市规划
			基础设施
			交通运输条件
			社会环境
			地质情况和环境保护要求
		类似竞争性项目的价格或租金分析	
		市场需求的数量、房型分析	
		市场对该地段房地产功能、档次的需求分析	
	项目SWOT分析	优势	
		劣势	
		机遇	
		风险	

经验2-6 房地产项目市场分析报告撰写方法

房地产项目市场分析报告。是把从房地产市场调查得到的分析结论加以整理，经过分析、综合形成文件，报告给有关领导或部门，它是认识市场、了解市场、掌握市场的主要工具。

房地产项目市场分析报告的基本结构。①标题。分单标题和双标题两种，双标题是指既有正题，又有副题。正题揭示市场分析报告的主旨，副题标明进行市场分析的对象、内容等。标题的词句应反复琢磨，要概括精练，一般只用一句话，至多两句为宜。②导语。也称前言、总述、开头。市场分析报告一般都要写一段导语，以此来说明这次市场分析的目的、对象、范围、经过情况、收获、基本经验等，这些方面应有侧重点，不必面面俱到。或侧重于市场分析的目的、时间、方法、对象、经过的说明，或侧重于主观情况，或侧重于收获、基本经验，或对领导所关注和市场分析所要迫切解决的问题作重点说明。如果是几个部门共同调查分析的，还可在导语中写上参加调查分析的单位、人员等。总之，导语应文字精练，概括性强，扣住中心内容。③主体。是市场分析报告的主要部分，一般是写调查分析的主要情况、做法、经验或问题。如果内容多、篇幅长，最好把它分成若干部分，各加上一个小标题；难以用文字概括其内容的，可用序码来标明顺序。主体部分有4种基本构筑形式：a. 分述式。多用来描述对事物多角度、多侧面分析的结果，其特点是反映业务范围宽、概括面广。b. 层进式。主要用来表现对事物的逐层深化的认识，其特点是概括业务面虽然不广，开掘却很深。c. 三段式。由三个段落组成：现状；原因；对策。三段是三个层次，故称三段结构。d. 综合式。将上述各种结构形式融为一体，加以综合运用，即为综合式。如，用"分述结构"来写"三段结构"中的"现状"；用"三段结构"来写"层进结构"中的一个层次；用"总分结构"来写"分述结构"中的某一方面内容等。④结尾。a. 自然结尾。如果主体部分已把观点阐述清楚，做出了明确结论，就不必再硬加多余内容。b. 总结性结尾。为加深读者的印象，深化主旨，概括前文，把调查分析后对事物的看法再一次强调，做出结论性的收尾。c. 启示性结尾。在写完主要事实和分析结论之后，如果还有些问题或情况需要指出，引起思考和探讨，或为了展示事物发展的趋势，指出努力方向，就可以写一个富有启示性的结尾。d. 预测性结语。指出可能引起的后果和影响，这是在更广阔的视野上来深化主题。

市场分析报告的格式。①产品市场概述。a. 产品市场容量：显性市场容量、隐性市场容量。b. 行业分析：主要品牌市场占有率、销售量年增长率、行业发展方向（市场发展方向、产品研发方向）。c. 市场发展历程及产品生命周期。②市场竞争状况分析。a. 市场竞争状况：竞争者地位分布、竞争者类型。b. 产品销售特征：主要销售渠道（分销渠道）、主要销售手段、产品地位分布及策略比较、产品销售区域分布及分析、未来三年各产品销售区域市场需求及价格预测。c. 行业竞争者分析：主要开发企业基本资料、主要品牌经营策略、竞争品牌近三年发展情况、竞争者未来发展预测。③市场特点。④消费状况。⑤主要房地产品牌产品售价市场调查。⑥主要结论、建议。

(2) 房地产项目市场细分要领

房地产市场细分的程序：

①确定市场方向，根据顾客的需要选定产品市场范围。

②研究客户的潜在要求，列举潜在顾客对房地产的基本需求。

③区分客户的需求差异，分析潜在顾客的不同需求，初步细分房地产市场。

④进行细分市场的初步筛选。

⑤划分房地产市场。

⑥分析市场营销机会，认识各子市场的特点。

⑦确定客户群体的规模，确定可进入的细分市场，设计市场营销组合策略。

(3) 房地产项目目标市场选择要领

房地产项目目标市场选择战略有3个，要从中选择1个合适的目标市场。

①无差异性目标市场策略。把整个市场作为一个大目标开展营销，强调消费者的共同需要，忽视其差异性。采用这一策略的企业，一般都是实力强大进行大规模开发的房地产企业。

②差异性目标市场策略。通常是把整体市场划分为若干细分市场作为其目标市场，针对不同目标市场的特点，分别制订出不同的营销计划，按计划开发目标市场所需要的产品，满足不同消费者的需要。

③集中性目标市场策略。选择一个或几个细分化的专门市场作为营销目标，集中企业的优势力量，对某细分市场采取攻势营销战略。一般说来，实力有限的中小房地产企业多采用集中性市场策略。

(4) 房地产项目市场定位策划要领

①房地产项目定位要根据所在地域的经济、政治、人文和风俗习惯，结合项目本身特点和对市场未来发展趋势的判断，找到适合于项目的客户群体，在客户群体消费特征的基础上，进行产品定位。

②产品定位是建立在客户需求的基础之上，是以需求为导向的定位。能够回答以下5个问题：谁是消费者？消费者买什么（样）？消费者何时购买？消费者购买的目的是什么？消费者如何购买？

③房地产项目形象定位要注意以下5个方面：项目形象易于展示和传播项目的形象；项目形象定位应与项目产品特征符合；项目形象应与项目周边的资源条件相符合；项目形象应与目标客户群的需求特征符合；项目形象定位应充分考虑市场竞争的因素，与其他楼盘有比较明显的差异和区别。

经验2-7 目标客户群的定位过程

客户细分。客户是千差万别的，企业必须从家庭状况、社会和经济背景等因素对客户进行细分，整理出客户类别、家庭特征、职业特征、经济收入特征，企业从中选择一类客户作为该项目的主力客户群。

客户需求分析。根据市场调研，对项目潜在客户的需求进行研究分析。要注重从客户购买心理上分析，即从"用得上→买得起→信得过→看得中→急着用"五个层次来综合分析。

锁定目标客户群。对该房地产项目，目标客户群特征内容主要包括：区域结构、年龄结构、职业特征、消费能力与方式、对产品特征的需求、对环境及配套的需求以及购房目的等。根据这些内容描绘出该项目的目标客户群，用该项目的定位特征来锁定所描绘的目标客户群。

经验2-8　三种错误的产品定位

定位过低。即定位不足、过窄，会使消费对公司的定位印象模糊，看不出与其他公司有什么差别。

定位过高。即定位过头，使消费者对公司的某一种特定的产品产生强烈的印象，而忽略了对其他产品的关注，这时，就有可能失去许多潜在的客户。

定位混乱。即定位不稳定令人怀疑，会使消费者以公司的形象和产品产生模棱两可的认识，产生无所适从的感觉，从而丧失其购买欲望。

（5）计算机实训软件录入营销项目战略策划内容要领
①房地产市场分析报告；②房地产项目STP战略。

5. 作业任务及作业规范
（1）作业任务
实训2的作业任务是"房地产项目市场分析与营销战略策划"，具体内容见表2-16。

房地产项目市场分析与营销战略策划作业安排　　　　表2-16

日期	地点	组织形式	学生工作任务	学生作业文件	教师指导要求
		①集中布置任务 ②集中现场考察 ③小组上网 ④小组讨论	①房地产项目市场调研与预测 ②房地产项目市场细分 ③房地产项目目标市场选择 ④房地产项目市场定位策划 ⑤计算机实训软件录入营销项目战略策划内容	房地产项目市场分析与营销战略策划方案	①总结实训1 ②布置实训2任务 ③组织讨论 ④指导业务过程 ⑤考核作业成绩

（2）作业规范
实训2的作业规范，见综合实训项目学习活动2：房地产项目市场分析与营销战略策划操作记录"题目4～题目7"。

综合实训项目学习活动任务单002：

房地产项目市场分析与营销战略策划
操作记录表（表 2-17～表 2-20）

题目 4　房地产项目市场调研与预测　　　　　　　　　　　　　　　　表 2-17

操作内容	规 范 要 求
1. 市场调研的方法	（1）探索性调研、描述性调研、因果性调研、预测性调研；（2）全面调研、重点调研、抽样调研；（3）具体方法：访问法、观察法、实验法；（4）不超过 50 字
2. 市场调研的表格设计	根据调研需要设计相应的调研表格（另外制表）
3. 市场调研	（1）房地产市场环境调研；（2）房地产市场需求调研：房地产消费者、房地产消费动机、房地产消费行为；（3）房地产市场供给调研：供给总量、供给结构、供给变化趋势、市场占有率；（4）营销活动调研：房地产市场竞争情况－竞争性楼盘调研、价格、促销手段、营销渠道；（5）不超过 1000 字

续表

操作内容	规 范 要 求
3. 市场调研	

续表

操作内容	规 范 要 求
4. 房地产项目市场需求预测	预测类似房地产项目市场需求

注：可续页。

题目 5　房地产项目市场细分与目标市场选择　　　　表 2-18

操作内容	规 范 要 求
1. 市场细分的依据及内容	（1）按消费者收入细分市场；（2）按购买动机细分市场；（3）不超 500 字
2. 评价市场细分结果	估算每一个细分市场的需求容量

续表

操作内容	规 范 要 求
3. 房地产项目目标市场选择	根据市场细分结果选择目标市场,并描述目标客户特征

注:可续页。

题目6 房地产项目市场定位策划　　　　　　　　　　　　表 2-19

操作内容	规 范 要 求
1. 项目所在的总体市场分析	(1) 房地产市场供求现状分析；(2) 房地产信贷条件分析；(3) 房地产市场周期阶段分析；(4) 不超过 500 字

续表

操作内容	规 范 要 求
2. 项目所在的地段市场分析	（1）该地段限制因素分析：城市规划、基础设施、交通运输条件、社会环境、地质情况和环境保护要求；（2）类似竞争性地块项目的价格或租金分析；（3）市场对这一特定地段房地产功能、档次、房型、数量的需求分析；（4）不超过800字

续表

操作内容	规 范 要 求
3. 房地产项目的 SWOT 分析与营销战略	根据项目竞争者及其竞争性楼盘分析：(1) 优势：地段、交通、配套、产品等；(2) 劣势：地段、规模、产品等；(3) 机遇：城市规划、利好政策等；(4) 风险：竞争、利空政策等；(5) 营销战略选择：无差异性目标市场、差异性目标市场略、集中性目标市场；(6) 不超过 1000 字

续表

操作内容	规 范 要 求
3. 房地产项目的SWOT分析与营销战略	

续表

操作内容	规 范 要 求
4. 房地产项目定位	(1) 根据目标客户特征进行客户定位：高端客户、中端客户、低端客户；(2) 根据定位的目标客户需求特征进行产品定位：品质定位、价格定位；(3) 根据客户定位和产品定位进行形象定位：主题定位、竞争定位；(4) 不超过 300 字

注：可续页。

题目7 实训软件录入营销项目战略策划内容　　　　　　　　　　表 2-20

操作内容	规 范 要 求
1. 房地产市场分析与 STP 报告	选取本实训手册中的相关内容编写"房地产市场分析与 STP 战略报告",另外编写,单独成文。
2. 录入营销项目战略策划内容	按上述制定好的营销项目战略策划内容操作计算机实训软件

6. 实训考核

主要是形成性考核。由实训指导教师对每一位学生这一阶段的实训情况进行过程考核,根据学生上交的作业文件"综合实训项目学习活动任务单002:房地产项目市场分析与营销战略策划操作记录表(表2-17~表2-20)"4个题目的完成质量,参照学生参与工作的热情、工作的态度、与人沟通、独立思考、讨论时的表现、综合分析问题和解决问题的能力、出勤率等方面情况综合评价学生这一阶段的学习成绩,把考核成绩填写在表2-52中。

实训3　房地产项目营销组合策划

1. 实训技能要求

(1) 能够遵循房地产营销职业标准相关内容。
(2) 能够在房地产营销业务中体现工匠精神。
(3) 能够进行房地产项目产品组合策划。
(4) 能够进行房地产项目价格策划。
(5) 能够进行房地产项目营销渠道策划。
(6) 能够进行房地产项目促销推广策划。
(7) 能够进行项目营销组合策划信息录入。

2. 实训步骤

(1) 房地产项目产品组合策划。
(2) 房地产项目价格策划。
(3) 房地产项目营销渠道策划。
(4) 房地产项目促销推广策划。
(5) 计算机实训软件录入营销项目营销组合策划内容。

3. 实训知识链接与相关案例

(1) 市场营销组合

①市场营销组合(Marketing mix)指企业用来进占目标市场、满足顾客需求的各种营销手段的组合,即4P组合:产品—Product、价格—Price、渠道—Place、促销—Promotion。

②4P的价值:创造价值(产品—Product)、体现价值(价格—Price)、交付价值(渠

道—Place)、宣传价值（促销—Promotion）。有效的营销方案应把所有的营销组合因素融入一个协调的计划之中，这一协调的计划通过向消费者提供价值来实现企业的市场营销目标。

(2) 房地产项目的主题概念设计

①房地产项目主题概念策划的内涵。主题概念策划（简称：主题策划），亦称主题概念设计，是房地产策划相当重要的内容。主题策划是指为规划设计或建筑设计所赋予的一种创意概念，是为项目开发所赋予的总体指导思想，是贯穿项目发展始终的"灵魂"。

②房地产项目主题概念策划的原则。A. 把握趋势性与机遇性。B. 既立足现实，又具有超前性。C. 符合社会时代的发展，具有可持续性。D. 富于表现力与感染力，具有独特性。

③房地产项目主题概念策划的程序。市场调查及市场定位→主题概念的来源与获取→策划主题的提炼与确定。

案例 2-4　六个项目的主题概念策划

南京"东城水岸"在楼盘策划之初，通过两大方面来进行分析：一是问卷调查，内容是市民在目前的生活环境下最重视的是什么。反馈回来的是"身体健康"；二是找出项目现状最有价值的方面。经过深入地了解和分析，项目地块最有价值、可以大做文章的是秦淮河。策划人通过细致思考，找到"身体健康"与"河岸环境"之间的关联。于是，南京"东城水岸"的项目主题"秦淮河岸边，健康人家"就应运而生。"河岸"风景成为"东城水岸"发挥的绝佳题材。

再如：深圳华侨城在网络时代的今天以"创造新的生活品质"为核心理念，提出了建设"数码华侨城"的概念构想，倡导21世纪数码生活新时尚，企业蓬勃发展，项目开发非常成功。

中国人家，推出中式住宅，刮起"中国风"；

吟梅山庄，打出"绿色生态"牌；

万欣花园，打出"运动"牌；

奥体附近群楼，打出"奥体"牌、"地铁"牌……

(3) 房地产项目整体形象设计

①房地产项目整体形象设计。是指企业按照项目的形象定位，有意识、有计划地将房地产项目的各种特征向社会公众主动地展示与传播，使公众在市场环境中对该特定的房地产项目有一个标准化、差别化的印象和认识，以便更好地识别并留下良好的印象。对房地产项目整体形象设计，一般是通过 CIS（企业形象识别系统）来完成，重点是其中的 VIS 设计。

②房地产项目的 VIS 设计。VIS（Visual Identity System），即企业视觉形象识别，是指在企业经营理念的指导下，利用平面设计等手法将房地产项目的内在气质和市场定位视觉化、形象化的结果，是房地产项目与其周围的市场环境相互区别、联系和沟通的最直接和常用的信息平台。设计内容：A. 项目基础设计系统，包括楼盘名称、楼盘标志 Logo、标准色、标准字等；B. 应用基础设计系统，包括事务用品设计、员工工作服、交通

工具和工作内外环境设计等。

③房地产项目楼盘（小区）的命名。好的楼盘名称能恰如其分透射开发理念，展示规划设计灵魂，吸引广大消费者，满足居住者生理、心理和社会等多层次需求。

④项目楼盘的标志（Logo）设计。企业将项目所有的文化内容包括产品与服务、整体的特色等都融合在这个标志里面，通过后期的不断宣传，使项目在大众的心里留下深刻的印象。

案例 2-5　翡翠国际项目的 Logo 设计

翡翠国际项目的 Logo 设计，见图 2-13。色彩选用绿色与名称翡翠国际之翡翠色相同，翡翠为玉的珍品、玉中之王，Logo 上的王冠强化了这一涵义，暗示了项目楼盘的一流产品形象。

图 2-13　翡翠国际项目的 Logo

（4）房地产产品与产品差异化策略

①房地产产品就是"房子"，基本类型包括：住宅，具有居住属性；商铺，具有商业属性；写字楼，具有办公属性；厂房，具有工业属性。

②房地产产品的整体概念，是指提供给市场，能够满足消费者某种需求或欲望的任何有形建筑物、核心利益和各种无形服务。包含：核心产品、有形产品和附加产品三个层次。

③房地产产品差异化策略。包括：产品差异化；服务差异化；品牌差异化；营销渠道差异化四个方面。

④房地产项目整体布局规划。包括：建筑规划、道路规划和绿化规划 3 大块内容。

（5）房地产项目产品组合设计

房地产产品组合是房地产企业向市场提供的全部物业的结构或构成。房地产产品组合策略是房地产企业根据开发与经济能力和市场环境做出的关于企业产品品种、规格及其生产比例方面的决策。一般是从产品组合的广度、长度、深度和黏度等方面做出决定，见图 2-14。

图 2-14　房地产产品组合

（6）房地产价格

是价值的货币表现，是房地产商品交易时，买方所需要付出的代价或付款，包括建筑物连同其占用的土地的价格，通常用货币来表示。

①房地产买卖价格和租赁价格。房地产买卖价格，是以买卖方式支付或收取的货币额、商品或其他有价物，简称买卖价。房地产租赁价格，常称租金，在土地场合称为地租，在房地混合场合称为房租。

②现房价格和期房价格。现房价格，是指以现状房地产为交易标的的价格。期房价格，是指以目前尚未建成而在将来建成的房屋为交易标的的价格。期房价格通常低于现房价格。

③房地产单价和总价。房地产总价格，简称总价，是指某一宗或某一区域范围内的房地产整体的价格。房地产的总价格一般不能反映房地产价格水平的高低。房地产单位价格，简称单价，对于土地来说，具体是指单位土地面积的土地价格；土地与建筑物合在一起的房地产单价通常是指单位建筑物面积的价格。价格单位由货币和面积两方面构成，常以元/m^2表示。房地产的单位价格一般可以反映房地产价格水平的高低。

④房地产市场调节价、政府指导价和政府定价。房地产市场调节价，是指由经营者自主制定，通过市场竞争形成的价格。政府指导价，是指由政府价格主管部门或者其他有关部门，按照定价权限和范围规定基准价及其浮动幅度，指导经营者制定的价格。政府定价，是指由政府价格主管部门或者其他有关部门，按照定价权限和范围制定的价格，如保障房定价。政府对价格的干预，还有最高限价和最低限价。

⑤影响房地产价格的10个因素：A. 自身因素。也就是房地产产品因素，包括权利、位置、地质条件、地形、地势、面积、日照、通风、建筑物状况等。产品因素过硬，一般房地产价格就高。B. 环境因素。包括视觉环境、声觉环境、大气环境、水文环境、卫生环境等。环境条件好，一般房地产价格就高。C. 人口因素。房地产的需求主体是人，人口因素（人口数量、人口素质、家庭人口规模）对房地产价格有很大影响。D. 经济因素。经济发展、物价、居民收入、贫富差异，房地产价格的变动区间就越大。E. 社会因素。包括政治安定、社会治安、房地产投机、城市化。社会环境好，一般房地产市场比较稳定，房地产价格波动就小。F. 行政因素。包括房地产制度、政策、发展战略、规划、交通管制等。G. 心理因素。包括心态、偏好、时尚风气、风水、吉祥数字等。主要是对房价的心理预期会影响房地产价格。H. 国际因素。包括世界经济、军事冲突、政治对立、国际竞争等。国际形势动荡，会传递到国内房地产市场，引起房地产价格波动。I. 供求因素。J. 其他因素。上述9方面之外的因素，偶然事件也可能会影响房地产价格波动，如地震造成的连锁反应会引起相关房地产市场价格波动。

（7）房地产项目定价目标、原则与方法

①房地产项目定价目标是房地产企业在对其开发的项目制定价格时，有意识地要求达到的目的和标准。房地产定价目标一般有3种形式：利润最大化目标；市场占有率目标；树立企业形象目标。

②房地产项目定价原则。房地产项目定价原则主要有6个：A. 市场导向原则；B. 加快销售速度，加速资金回笼原则；C. 弹性灵活原则；D. 价值相符原则；E. 购买力适应原则；F. 有利竞争原则。

③房地产项目定价方法。房地产定价方法一般采用加权点数定价法，充分考虑房屋朝向差价、楼层差价、采光差价、面积差价、视野差价、产品差价、设计差价等综合因素制定价格。

④四种房地产常用定价方法

A. 成本导向定价法。成本导向定价法是以产品的成本为中心，制定对企业最有利的价格的一种定价方法。房地产成本导向定价法主要有成本加成定价法、变动成本定价法、盈亏平衡定价法、目标利润定价法。

B. 需求导向定价法。需求导向定价法是指企业在定价时不再以成本为基础，而是以消费者的认知价值、需求强度及对价格的承受能力为依据，以市场占有率、品牌形象和最终利润为目标，真正按照有效需求来策划房地产价格。

C. 竞争导向定价法。竞争导向定价是以企业所处的行业地位和竞争定位而制定价格的一种方法，通过研究竞争对手的产品价格、生产条件、服务状况等，以竞争对手的价格作为定价的依据，确定自己产品的价格。主要特征是随竞争状况的变化确定和调整价格水平，主要有随行就市定价和主动竞争定价等方法。

D. 比较定价法。比较定价法就是把房地产项目与其周边几个同等竞争对手的项目进行全方面对比，根据对比情况对本项目进行定价。一般选取多个类似房地产项目，即用途相同、规模相当、档次相当、建筑结构相同、处于同一供需圈的实例，通过综合比较，可以给出目标产品的定价。

(8) 房地产项目定价策略

常见的定价策略有以下 5 种：

①新产品定价策略。房地产新产品的定价策略，主要有三种：一是取脂定价策略。又称撇油定价策略，是指企业在产品寿命周期的投入期或成长期，利用消费者的求新、求奇心理，抓住激烈竞争尚未出现的有利时机，有目的地将价格定得很高，以便在短期内获取尽可能多的利润，尽快地收回投资的一种定价策略。二是渗透定价策略。又称薄利多销策略，是指企业在产品上市初期，利用消费者求廉的消费心理，有意将价格定得很低，使新产品以物美价廉的形象，吸引顾客，占领市场，谋取远期的稳定利润。如：超大型普通住宅项目定价常采用该方法。三是满意价格策略。又称平价销售策略，是介于取脂定价和渗透定价之间的一种定价策略。如：中档次的住宅项目定价常采用该方法。

②心理定价策略。心理定价策略是针对消费者的不同消费心理，制定相应的商品价格，以满足不同类型消费者需求的策略。分为 5 种：一是尾数定价策略；二是整数定价策略；三是声望定价策略，也叫品牌定价策略，即针对消费者"便宜无好货、价高质必优"的心理，制定高价，如豪宅、景观房等，在消费者心目中享有极高的声望价值；四是习惯定价策略，有些产品，如普通住宅，在长期的市场交换过程中已经形成了为消费者所适应的价格，成为习惯价格；五是招徕定价策略，在一个项目中，把位置最差、结构最不合理套型的房屋拿出几套定超低价吸引顾客。

③差别定价策略。差别定价策略是对不同的顾客群规定不同的价格。主要有 4 种形式：一是因地点而异，位置优越的地点定价高；二是因时间而异，如五一、国庆长假，制定促销价；三是因产品而异，套型不同、面积不同、配置不同则价格不同；四是因顾客而异，主要根据项目的目标客户的经济实力强弱定价，经济实力强的客户定价高。或者按不同顾客感受定价，让顾客先看房感受，后面通过拍卖或与顾客直接谈判定价。

④折扣定价策略。折扣定价是指对基本价格做出一定的让步，直接或间接降低价格，以争取顾客，扩大销量。房地产开发商为了加速资金回笼，往往会给予客户一定的价格优

惠，它是通过不同的付款方式来实现的，如购买数套房优惠、首购优惠、购房抽奖、一次性付款优惠等。

⑤过程定价策略。过程定价策略也叫"试探性"定价策略，是房地产项目全营销定价，采用以售看价的定价技巧。房地产经营企业在出售商品房时，先以较低价售出少量商品房，如果买房的人多，就可以把价格提高一些；如果提价后仍供不应求，以后还可以把价格再提高。

（9）房地产项目价格控制与调整

①房地产项目价格控制。A. 价格控制方案与指标。有序控制房地产项目价格，应预先慎重设计价格控制方案，安排控制指标。一般的价格控制方案主要设置这4个控制价格：开盘价、封顶价、竣工价、入住价。同时，控制方案还要设置与此价格相适应的销售比例，一般达到30%；30%；30%；10%。B. 价格控制的基本原则。a. 逐步渐进提高。让消费者感觉越早买越好，不买还要涨，代价会更高。b. 留有升值空间。让消费者感觉买得不吃亏，财富还会升值。C. 价格控制的3种情况应严格避免。a. 价格下调。对前期已经购房者不利，造成其已购房屋贬值；对以后销售也不利，造成潜在购房者观望情绪更浓。b. 价格做空。会造成有价无市。c. 升值太快缺少价格空间。会让消费者感觉买得不划算，以后还有机会买。

②房地产项目价格调整。是指在销售过程中，按预想的情况或者预想的情况与实际情况出现偏差，做出的价格调整。房地产项目的价格调整策略是指在房地产项目整体定价确定的前提下，在销售过程中，根据房地产项目及市场的发展情况，引导价格发展走势的价格方案。

（10）房地产营销渠道

就是房地产产品投放市场进行交换的通路。房地产营销渠道成员组成包括：房地产开发商；房地产中间商（代理商）；消费者。目前我国房地产销售渠道的类型有3种：

①房地产直接营销。是开发商自行销售，房地产发展商控制了开发经营的全过程，可以避免某些素质不高的代理商介入造成的营销短期行为，如简单地将好销楼盘单元销售出去，造成相对难销的楼盘单元积压；产销直接接触，便于房地产发展商直接了解顾客的需求、购买特点及变化趋势，由此可以较快地调整楼盘的各种功能。但房地产发展商直接营销，难以汇集在营销方面确有专长的人才，难以形成营销专业优势，会分散企业人力、物力、财力，分散企业决策层精力。

②房地产间接营销。也叫委托销售代理，房地产发展商把自己开发的房地产商品委托给中间商如房地产代理商销售。间接营销的优点是有利于发挥营销专业特长，便于从专业上保证发展商开发的房地产商品销售成功；有利于发展商集中精力，重点进行开发、工程方面的工作。

③"第三种"营销渠道。是一种直接渠道与间接渠道相融合的营销渠道。房地产发展商对销售也有较大的关注和投入，如项目规划、产品策划，代理商则发挥自己的特长作全程深度策划，优化营销渠道。联合一体营销渠道的建立旨在集中发展商和代理商的优势，避免单纯直接营销和间接营销的不足。

（11）房地产促销组合策划

①房地产促销。指房地产企业通过一定的方式向消费者传递房地产商品的信息并与消

费者进行有效的信息沟通，以达到影响消费者的购买决策，促进房地产商品流通的营销活动。房地产促销目标：提供信息突出特色和优点、强调房地产的价值与品牌、刺激需求、增加销售。

②房地产促销方式。一是广告；二是人员推销；三是销售促进，也称营业推广，是指房地产企业通过各种营业销售方式来刺激消费者购买或租赁房地产的促销活动；四是公共关系促销。

③房地产促销组合：指为实现房地产企业的促销目标而将4种不同的促销方式进行组合所形成的有机整体。四种主要促销方式特点见表2-21。

四种主要促销方式特点　　　　　　　　　　　　　　表2-21

序号	促销方式	使用手段	优点	缺点
1	广告	报纸、杂志、电视、广播、网络、户外、传单、标语等	传播面广、及时、形象生动、节省人力	单向信息沟通，难以形成即时购买
2	人员推销	现场推销、上门推销、电话推销、销售展示等	直接信息沟通，针对性强、灵活多变、成交率高，广交朋友，反馈信息	占用人员多、费用高，接触面窄
3	营业推广（销售促进）	价格折扣、展销会、赠送礼品、交易会、不满意退款等	刺激性强，短期效果明显	接触面窄，不能长期使用，有时会降低产品身价
4	公共关系	新闻报道、公益活动赞助、捐赠、研讨会等	影响面广，影响力大，可信度高，提高企业知名度，树立良好形象	设计组织难度大，不能直接追求销售效果

（12）房地产广告媒体布局设计（媒体选择）

广告媒体是用于向公众发布广告的传播载体，是指传播商品或劳务信息所运用的物质与技术手段。传统的"四大广告媒体"为电视、电台、报纸、杂志。广告行业把电视媒体和电台媒体称为电波媒体；把报纸和杂志媒体称为平面媒体。在互联网时代，出现了一系列新媒体，如：手机媒体、交互式网络电视（IPTV）、数字电视、移动电视、微博、微信等，此外还有户外广告。房地产媒体可分报刊、电视、广播、杂志、户外广告、电脑网络等大众媒体和宣传画册、售楼书、人际传播、直邮广告、礼品广告、现场布置、通信等特殊媒体两种，并且每种媒体都有其优缺点。各种广告媒体特点见表2-22。

各种广告媒体特点　　　　　　　　　　　　　　　表2-22

序号	媒体	优点	缺点
1	报纸	灵活、及时、覆盖面广，地理选择性好，可信度高	时效短，表现手法单一，不易激起注意力
2	电视	综合视听，兼具动感，感染力强，覆盖面广，送达率高，表现手法灵活、形象	信息消失快，不易保存，制作复杂，成本高，受众选择性差，干扰多，绝对费用高

续表

序号	媒体	优　点	缺　点
3	广播	覆盖面广，传播速度快，送达率高，方式灵活，制作简单，成本小	有声无形，印象不深，展露时间短，盲目性大，选择性差，听众分散
4	杂志	针对性强，可信度高，印刷精致，图文并茂，干扰小，阅读时间长	购买版面费时间长，费用高，位置无保证
5	户外	反复诉求，复现率高，效果好，注意度高，费用低，竞争少，灵活性好	观众选择性差，创造性差
6	直邮	选择性强，灵活性好，竞争少，个性化，制作简单	相对费用高，广告形象差

（13）房地产人员推广及促销的程序和技巧

房地产人员推广主要指房地产推销员直接与房地产项目目标客户接触、洽谈、宣传介绍项目产品以实现销售目的的活动过程。人员推广促销是最原始但有时是最有效的产品促销策略，房地产项目与顾客之间的联系主要通过推销员这个桥梁。房地产人员促销的程序和技巧：

①搜寻促销对象。寻找、发掘潜在的购房者，它们可以是消费集团，也可以是个人。

②准备工作。包括拟定推销房地产的内外信息，如区位条件、设施情况、环境质量、建筑设计、结构、材料、装修等；还要了解消费者情况，如收入、支付能力、家庭成员组成等，做到"知己知彼"；另外，还应掌握同类房地产的竞争情况等，并做心理准备，设想一些可能遇到的情形，构思对策。

③接近对象。通常需要向你重点选择对象的周围了解其基本情况，然后再通过电话或"互联网"预约，以便让对方有心理准备，电话联络要尽量婉转，表达要清晰，避免唐突登门造访。

④介绍项目情况。约见后，先介绍自己的情况，出示有关证件，给人以安全和信任感，再详细介绍房地产项目及企业情况。此时应表现出信心和耐心。

⑤应付异议，解答疑问。顾客在听完介绍后，可能会提一些问题，如价格可否优惠，以及质量问题、产权问题、是否办理按揭业务、售后服务问题、物业管理问题等。所有这些均须耐心据实回答，以消除消费者疑虑，增强其购买决心。

⑥成交。经过耐心细致的动员说服工作，顾客最终采取购买行动。推销工作可算基本完成，推销人员可以事先准备一份意向书或草拟协议，争取对方签章。如果不能成交，也应当礼貌地道谢再见。

⑦追踪服务。交易完成后，推销人员还应主动同消费者联系，监督开发商兑现其所承诺条件的情况，协助消费者解决可能出现的难题，不要"人走茶凉"，要维持和提高顾客对企业、产品及推销员的满意程度。

（14）房地产营业推广

营业推广（SP）也称销售促进或销售推广（Sales Promotion），是一种适宜于短期推销的促销方法。房地产营业推广是房地产企业为鼓励购买、销售产品而采取的除广告、公关和人员推销之外的所有企业营销活动的总称。在开展房地产营业推广活动中，可选用的方式多种多样：

①赠送促销。奖品可以选择在售楼部散发，也可以公开广告赠送，或入户派送。

②折价券。在购买产品时，持券可以免付一定金额的钱。

③组合促销。以较优惠的价格提供组合产品，如房屋与车库、阁楼、庭院等组合销售。

④抽奖促销。顾客购买产品之后可获得抽奖券，凭券进行抽奖获得奖品或奖金，抽奖可以有各种形式。

⑤现场展示。企业派促销员在项目施工现场展示本项目的产品，向消费者介绍房屋的特点、先进设施的用途和使用方法等。

⑥联合推广。企业与大银行、大商场联合促销，将一些能显示企业优势和特征的楼盘模型在银行、商场大厅集中陈列，边展销边销售。

⑦参与促销。通过消费者参与各种促销活动，如房地产技能竞赛、知识比赛等活动，能获取企业的奖励。

⑧会议促销。各类展销会、博览会期间的各种现场产品介绍、推广和销售活动。

（15）房地产关系推广及主要工具

房地产关系推广是指房地产企业为了获得人们的信赖，树立企业或房地产项目的形象，用非直接付款的方式通过各种公关工具所进行的宣传活动。房地产公共关系工具是指房地产企业在建立良好公关形象时所采用的各种手段和方法：

①新闻。公关人员使用的主要工具是新闻，可以找出或创作一些对公司或其产品有利的新闻，有时新闻故事自然而然地就形成了，有时需要公关人员提出一些事件行动来制造新闻。

②公共关系广告。是指为扩大组织的知名度、提高信誉度、树立良好的形象，以求社会公众对组织的理解与支持而进行的广告宣传。公共关系广告与商业广告的关系：公共关系广告具有公共关系活动和广告活动的双重性质，它不同于一般的广告。公共关系广告目标的 AIDMA 法则：A（Attention）引起注意；I（Interest）产生兴趣；D（Desire）培养欲望；M（Memory）形成记忆；A（Action）促成行动。

③特别活动。包括新闻发布会、大型的开幕式、焰火展示、激光节目、热气球升空、多媒体展示以及各种展览会。

④演讲。能营造产品和企业的知名度。

⑤书面材料（公共关系写作）。

⑥谈判。

（16）房地产活动推广

①活动推广就是以举办各类活动为基础，利用活动的互动性来辅助房地产营销目标实现的一种市场营销方式。简单地说，活动推广就是以活动为主要手段进行的营销方式。

②活动推广时机选择。活动推广时机一般依赖于楼盘的施工进度，并时常以施工进度的某个时间点，如建筑出地面、结构封顶、楼盘竣工等作为营销活动的切入点。此外，各类节假日等也是制定营销活动的重要时间考量点。营销活动的长短并没有严格的限定，短则1～2天，长则1～2周。

（17）房地产活动推广形式

①项目开盘前的内部认购活动。内部认购是房地产发展商在尚没有获得《商品房预售许可证》等有关证件之前,以在小范围内推出一种"内部认购"的方式销售商品房。内部认购的作用,是为正式开盘销售打基础的,是试探市场反应的重要一步,对确定价格、销售策略都有极重要的意义。内部认购优势:前期可以吸引大批客户跟进拿号、蓄水。劣势:开发商的开盘期控制有风险,太短,客源不充分;太长,客户信心动摇,同时公司成本增加。

②项目开盘庆典活动。庆典活动内容:搞传统模式,领导讲话、舞狮助兴、军乐齐奏、揭幕剪彩、新闻发布会或是招待酒会等;搞名人秀,请名人到场添彩助威,从影视明星到歌星、笑星,从港台大腕到政府官员,没有请不到的;搞烧钱作秀,如一些项目在开盘之日用直升飞机作秀,也都是两三个小时耗巨资的做法;搞不烧钱吸引眼球,如有个项目开盘时,曾筹划开盘大献血活动,在开盘日,开发商千名员工集体志愿献血,由老总带头,人人为社会做贡献,既吸引了关注,成本又不高,而且充分体现开发商的社会责任感,使公众对开发商品牌增添了一份尊重,一举多得。

③项目开盘新闻发布会。项目开盘新闻发布会又称记者招待会,是房地产企业直接向新闻界发布有关房地产项目开盘信息,解释房地产项目特点而举办的活动。

④房地产形象代言人的选择。启用形象代言人是提升楼盘形象、扩大知名度的一种简单快捷办法。选择楼盘形象代言人的依据是,符合当地的特点和消费习惯,切合物业的市场定位。

案例 2-6 形形色色的房地产形象代言人

名人明星作为代言人。如:北京潘家园的御景园,请来著名男模程俊作为御景园豪华舒适生活的代言人;深圳东海花园请香港演艺界影星任达华作形象代言人。请影视明星为形象代言人,群众基础较好,明星所特有的亲和力转移到楼盘身上,能引起轰动效应。如:任达华一句"在世界各地,我都有房子,在深圳,我选择东海花园"看似平淡无奇的广告语,把东海花园的物业质素完美地体现出来了。

房地产楼市业界专家作为代言人。如:深圳碧清园楼盘,请资深房地产研究员周卫东作楼盘形象代言人,并推出了一系列广告。选择房地产业内专家有时比明星更具说服力。房子是种特殊商品,一套房子动辄几十万、上百万,许多人也是倾其所有购置房产,所以买房时慎之又慎。请房地产专家作形象代言人,置业者就容易产生信赖感,最后会下定决心。

普通人物或传统人物形象作为代言人。如:上海永业集团启用了40岁左右、身体微胖,看上去精明干练、细心周到、朴实可靠,又稍微有点憨态、笑容可掬的"阿福"形象,来作为代言人。选择普通人或传统形象做代言人会使置业者倍感亲切。另外,启用普通人或传统形象做代言人还可以节省成本,据"阿福"的开发商介绍,创造出"阿福"这一形象的成本,只相当于邀请明星做形象代言人一次的广告播出费用。

另外,在大部分城市,购买住宅的大部分是中年人,是以家庭消费为特征的,那么选择已经成家立业、社会形象好的明星就比年轻前卫的明星要好,可能选择濮存昕会比陆毅要好。要找到与之相适应的形象代言人来匹配,才能彰显楼盘的价值。

⑤房地产楼盘入伙答谢活动。入伙指物业管理企业向购房者（业主）移交户内管理责任的过程，是购房者首次接收自己的物业。入伙答谢是开发商在购房者接收物业的时候，通过某种形式对购房者表达谢意。入伙答谢活动通常是一个简单的仪式，大多是在售楼大厅里摆些冷餐、水果点心之类，邀请入伙的业主一起来聚餐，开发商代表简单致词之后，通常由物业管理公司唱主角，宣布有关入伙的具体手续。也有保安人员表演队列训练、徒手操，或请来小乐队演奏、少量演员表演歌舞等，气氛不一定要热闹，但应让业主和未来服务于他们的物业管理人员有一个彼此认识、交流沟通的机会，为以后的和谐关系打下基础。入伙答谢作用大。一个楼盘到入伙时候，销售应该已经完成了或基本完成了，但这时开发商的任务并没有结束，对大盘来说更是如此，大盘运作周期长，都要分期开发，往往一期入伙之时，二期正在热卖，而三期尚未动工，所以入伙应看作是销售过程中的重要节点，需要认真处理。

4. 实训要领与相关经验

房地产项目营销策略组合策划实训用时 4～9 天。教师要指导学生填写实训进度计划表 1-1、考勤表 1-3 以及作业文件"综合实训项目学习活动任务单 003：房地产项目营销策略组合策划操作记录表（表 2-26～表 2-30）"。

（1）房地产项目产品组合策划要领

①房地产项目主题概念策划。程序：

A. 市场调查及市场定位。

B. 主题概念的来源与获取。策划主题可从以下几个方面来获取：一是从该项目区域的文化内涵中抽象出来；二是从竞争性项目的对比中挖掘出来；三是从项目自身的内在素质中分析出来；四是从顾客需求中选择出来；五是从社会经济发展趋势中演绎出来；六是从房地产发展的最新理念中提取出来。

C. 策划主题的提炼与确定。在提炼与确定主题概念的时候，应着重考虑以下几个问题。一是主题概念是否富于个性，与众不同。二是主题概念是否内涵丰富，易于展开，充分展现项目的优势和卖点。三是主题概念是否符合自身情况，是否与本项目的要求相吻合，那些脱离项目实际情况的主题概念是不可取的。四是主题概念是否迎合市场买家及目标顾客的需求。例如：南京"东城水岸"策划主题的提炼与确定很有诗情画意，通过寥寥数语，秦淮河岸边的一幅健康人家风景画就呈现在人们面前，视觉冲击力相当强。

②产品组合设计。

A. 面积配比，设计好各种面积范围内分布的单元数在整个楼盘单元总数中所占的比例，或在某个销售单位的单元总数中各自所占的比例。

B. 格局配比，设计好二室二厅、三室二厅等各种形式格局的单元数在整栋楼房或某个销售单位的单元总数中所占的比例。品种单一，供目标客户的选择余地就窄，不能满足不同年龄层次和家庭结构层次消费者的需求。一个楼盘在产品组合设计中，如果有一室一厅、二室一厅、三室一厅，相互比例有一个适度的变化，面积范围从 80 到 150 平方米大小不等，则产品就会有机地分解成好几个层次，可以满足不同客户对产品的合理需求，客户挑选的余地大，市场抗风险能力也就强。格局配比如同面积配比一样，都对应着一个总价市场，但它所反映更多的是消费者生活需求结构的某种状况。如以青年夫妇为对象的产品，一般面积不需要很大，但考虑到日后小孩的出生，格局也多以二室一厅为主。对市场的深入了解和及时反馈是制定最佳面积及格局配比的关键。

C. 制定产品汇总表。

经验 2-9 从盈利点角度整体展示房地产产品

房地产产品的整体概念,从房地产产品盈利点角度看,在营销策略上可以将其剖析成四个不同的层次,每个层次对企业来讲都是些可捕捉的盈利点。

核心产品层。房屋为人们提供的是使用空间和安全,这是实体,也是一切消费和服务的载体。

形式产品层。通常指产品的品质、外观、品牌、设计,如住宅的套型、结构、装修等方面。

延伸产品层。是指核心产品及形式产品以外,产品所提供的服务项目。如装修、物业管理、安装三网等。

潜在产品层。由产品带来的可发展的潜在性产品,如停车场、餐饮服务、娱乐服务等。

(2) 房地产项目价格策划要领

房地产价格=每栋楼的基准价格+垂直价差+水平价差+其他因素价差。

①朝向水平价差的确定方法。朝向通常是指客厅的朝向,简易的判断方式以客厅邻接主阳台所靠的方向为座向。水平价差调整原则:A. 大户型住宅,调整幅度大;B. 中小型户型,调整幅度小;C. 单价高时,为达到价差的效果,调整幅度较大,单价低时,调整幅度小;D. 朝向向南,日照适中时,调整幅度大;E. 朝西或朝东日照过多、朝北日照明显不足时,其调整幅度较小;F. 风向与朝向不同时,调整幅度大;G. 风向与朝向相同时,调整幅度小。朝向价差修正系数见表 2-23。

朝向价差修正系数　　　　　　表 2-23

朝向	东	东南	南	西南	西	西北	北	东北
系数	1.010	1.015	1.020	1.000	0.980	0.985	0.990	1.000

影响朝向取舍的变因:A. 景观。现代园林设计、绿化,使得小区内部景观舒适、清新宜人,由此可以缓解朝向的压力,优质景观设计可以弥补同方向的朝向缺陷。B. 技术。例如空调的设置以及室内自动换气设备可以在一定程度上缓解朝向无风的压力。C. 生活习惯。例如因工作习惯,早上需睡懒觉的人就不适合东向朝向,早上充足的阳光会影响睡眠。

②采光水平价差的确定方法。采光通常是指房屋所邻接采光面积的大小。调整原则:A. 有暗房时,调整幅度大,反之则小;B. 与邻屋栋距大时,调整幅度大,反之则小;C. 面前道路宽敞时,调整幅度大,反之则小;D. 日照时数适中时,调整幅度大,日照时数太长或太短时,调整幅度小;E. 楼层位置较高者,调整幅度大,反之则小。修正价差。若以单面采光者为零,再以同楼层作比较:A. 无采光之暗房,价差可为 100~200 元;B. 二面采光者,可比单面采光者多加 100~200 元;C. 三面采光时,则可由两面采光的价格再加 50~150 元;D. 四面采光甚至于四面以上,每增加一个采光面,每平方米加 50

～100元。

③制定产品价格汇总表。

经验2-10 一楼、二楼作为商铺的定价技巧

一楼作为商铺的定价方法。由于商铺与住宅的价值差异较大，因此其价格与2楼以上平均价格的差距可能达到2.5～5倍。倍数的大小受附近商铺的开店率、行业结构、商业规模等因素的影响。附近商铺开店率高，商业气氛已经形成，则价差的倍数大；开店率低，商业气氛还未形成，则价差的倍数就小。附近商业结构偏重于零售、服务等行业，则价差的倍数就大；若附近商业结构多为小作坊（如皮革加工、建材店等），则价差的倍数就较小。楼盘所在的位置商业规模大，则价差倍数大；如果楼盘所在位置商业规模小，则价差倍数较小。如果一楼商铺仅能为小区居民或附近居民提供服务，规模覆盖小，那么价差就小；如果一楼的商业可以为片区甚至全市居民服务，规模大，则价差倍数就大。

二楼作为商铺的定价方法。若楼盘二楼也作为商铺，则二楼的单价大多为一楼单价的40%～70%，百分比大小可是实际情况而定。如果地区的消费习惯不局限于一楼，可以延伸至二楼，则二楼占一楼的百分比较高；若消费习惯少涉及二楼，则二楼占一楼的百分比就低。如果二楼的商铺面积大，则价差百分比就大；如果商铺面积较小，则价差百分比就小。若二楼有独立的出入口，进出二楼可以不经过一楼，则价差百分比就大；反之，价差百分比就小。

经验2-11 不同企业地位的定价方法

行业领导者定价。在区域性市场上处于行业领导者地位的开发商，可借助其品牌形象好、市场动员能力强的优势，使产品价格超过同类物业的价格水平。高价不仅符合其精品定位市场目标，也与以稳定价格维护市场形象的定价目标相一致。万科房地产在深圳住宅市场的力作——俊园，就是在大势趋于平淡的情况下，以每平方米过万元的高价昂首入市，取得良好的销售效果和经济效益。

市场挑战者定价。对于具有向领导者挑战的实力但缺乏品牌认知度的企业，适宜以更好的性能、更低的价格，将看得见的优惠让利于买方。这样可以促进销售，扩大市场占有率，提高企业在行业中的声望。运用此方法一般要对可比性强的领导者物业进行周密分析，在促销中借其声威，并突出宣传自身优势。广州祈福新村推出时，正是针对当地大名鼎鼎的碧桂园采用了挑战者定价，很快成为市场的新热点。

市场追随者定价。物业推出时，也可选择当时市场同类物业的平均价格。一般认为平均市价是供求均衡的结果。以随行就市方法定价，既会带来合理的平均利润，又不破坏行业秩序，因而为市场追随者普遍采用。虽然其定价目标缺乏特色，但对于竞争激烈、信息充分、需求弹性较低的房地产市场，不失是一种稳妥方法。尤其适用于产品特色性不强、开发者行业地位一般的物业。

经验2-12 三种房地产项目调价策略及其应用

低开高走调价策略。低开高走调价策略，就是项目在开盘时价格较低，但随着销售的推进，售价不断调高。适用情况：在房地产项目综合素质较高，但初期优势不明显，而市

场状况不好或市场发展趋向不明朗的情况下，为取得市场认同，适宜采用低开高走调价策略。房地产项目应低价入市，根据销售工作的开展，视具体销售进展的好坏情况适时调价，决定每次价格提升的幅度。当然，如果项目的确综合素质较低，市场认同感差，且市场状况不好、竞争较为激烈的情况下，房地产项目一般只能采取低报价，低价成交，以价格取胜的"低开低走"策略。

高开低走调价策略。高开低走调价策略，就是项目在开盘时价格较高，但随着销售的推进，售价不断调低。适用情况：在房地产项目综合素质高，而市场状况不好，竞争又较为激烈的情况下，房地产项目为树立房地产项目形象和知名度，适宜采用高开低走调价策略。房地产项目应高报价入市突出项目优秀品质，根据销售工作的开展，视具体销售进展的好坏情况适时调价，决定每次价格下调的幅度，以较低成交价格争客户和市场份额。当然，如果市场状况好，竞争不激烈，而且项目自身规模又不大的情况下，项目完全可以采取突出房地产项目优秀品质，大规模营造房地产项目形象和知名度，高价报盘，高价成交，在短期内迅速获得市场认同，即"高开高走"策略。

波浪螺旋调价策略。房地产价格"低开高走"、"高开低走"、"低开低走"、"高开高走"和"平稳推进"都是一种较为理想的价格策略，在现实的营销工作中很难维系。实践证明，很多项目的各楼座素质因为位置、景观、交通等因素的影响而差异较大，而且市场状况的好与坏在很多的情况下也是很难判断的，所以"波浪螺旋"的调价策略应运而生。"波浪螺旋"调价策略，是一种结合房地产市场周期波动而调整价格，发生同步的周期性波动的房地产调价策略。①调价周期以房地产市场周期、项目的销售速度和最终利润的回收作为判断标准；②根据工程进度及销售情况，对提价幅度及周期进行进一步细化调整；③应考虑不同楼座在销售速度上的差异，分别调整提价幅度，避免"一刀切"的做法。适用情况：在房地产项目素质一般，规模较大，而市场发展趋势不很明朗的情况下，多数项目应该采取"波浪螺旋"的调价策略，可以最终给整个项目营销工作带来了快速销售速度和良好的业绩。

经验 2-13　房地产项目调价技巧

调价的目的都是为了维持和抢占更多市场份额，或追求最大利润，需要一些调价技巧。

提价技巧。引起提价的主要因素是供不应求。当产品不能满足顾客的需要时，要么提价，要么对顾客限额供应，或者两者均用。提高"实际"价格有几种方法：①减少折扣。减少房屋销售常用的现金和数量折扣。②统一调价。指示房地产项目销售人员不可为了承揽生意争取销售额不按目录价格报价。③采用延缓报价。企业决定到产品建成或交付使用时才制定最终价格，这对开发周期长的房地产建筑来说相当普遍。④使用价格自动调整条款。企业要求顾客按当前价格付款，并且支付房屋交付前由于通货膨胀引起增长的全部或部分费用。在施工较长期的房地产项目中，许多合同里都有价格自动调整条款规定，根据某个规定的物价指数计算提高价格。在一般情况下，每种提价方法都会对消费者产生影响，房地产企业可以采取一些必要的方法来应对，不必提价便可弥补高额成本或满足大量需求。如：使用便宜的建筑材料或设计做成代用品；减少或者改变房屋特点以降低成本；改变或者减少服务项目，如取消精装修、免费送阳台等。

降价技巧。在产品价格调节的过程中，有升当然也有降。当产品降价时，可能引起消费者的观望情绪或对产品质量的猜疑，消费者的这些心理对降价的销售会带来不利影响，可能会增加销售量，也可能会减少销售量。这就需要在降价时，要注意方法的选择和技巧的运用以及时间的把握。①直接降价法。是指直接降低产品的价格，它包括一次性出清存量房和自动降价销售。在很多情况下，这种降价方法不宜采用。因为直接降价很难达到预期的目的。②间接降价法。可供采用的间接降价方式很多，主要有：a. 增加额外费用支出；b. 馈赠物品；c. 在价格不变的情况下，提高商品质量，即用相同的价格，可买到质量更好的商品，也就降低了价格；d. 增大各种折扣的比例。③准确把握降价时间。降价时间有早晚之分。a. 早降价有这样的优势：可以在市场需求活跃时，就把商品销售出去；降价幅度较小，就可以销售出去；可以为新产品腾出销售空间；可以加速项目资金周转，使现金流动状况得以改善。b. 晚降价好处：可以避免频繁降价对正常产品销售的干扰；可以减少项目由于降价带来的毛利的减少。选择降价时机，关键要看降价的结果。如果产品能顺利地销售，项目可以选择晚降价；如果降价对顾客有足够的刺激，可以加速商品销售，可以采用早降价的政策。

在同质产品市场上对竞争者的降价行动，企业可以选择的对策主要有：①维持原价，改进产品、增加服务等。②追随降价。③推出价格更高的新品牌攻击竞争者的降价品牌。④推出更廉价的产品进行竞争。在异质产品市场上，竞争者一般不会追随企业的调价。

总之，在对房地产项目价格进行调节之时，要灵活地制定调价策略，不能盲目行事。

(3) 房地产项目营销渠道策划要领

房地产项目营销代理是房地产项目营销的常用渠道，房地产开发商委托房地产营销代理机构，在授权范围内，对所有房地产代行销售并支付佣金。分为商品房现售代理和商品房预售代理，具体形式又分为一般代理、总代理、独家代理、共同代理、参与代理等。开发商可以考虑自行销售的三种情况：①大型房地产开发公司经过多年的开发运作，有自己专门的市场推销队伍，有地区性的、全国性的甚至世界性的销售网络，对自己所开发的项目有十分丰富的推广经验。②房地产市场上扬，开发商所开发的项目很受投资者和置业者的欢迎，而且开发商预计在项目竣工后，很快便能出售，如目前在全国价格中的微利商品房、在大城市中供不应求的铺面房、工业园区和开发区中的厂房和仓库用房等。这些商品房有不同的需求范围，市场看好，在这种情况下，销售相对容易，开发公司要自行销售。③当开发商所发展的项目已有较明确的销售对象时，也无须再委托租售代理。

经验 2-14 房地产营销代理的代理费（佣金）

代理费（佣金）数额确定方法。房地产代理活动是有偿服务，在房地产营销代理机构完成代理业务后，房地产企业（委托人）应支付相应的酬劳。佣金数额的确定方式：一是固定费率，按总销售额的百分比计提，根据不同销售任务、委托内容，代理费比例按照总收入的1％～2％支付；二是固定费额，不论销售价格和销售总额，完成项目销售任务后就可得到一笔合同约定的代理费，如100万元；三是固定费率＋超额提成，当销售价格（或销售进度）没有超过约定的超额价格（或超额进度）时以固定费率为主，当销售价格超过约定的超额价格（或超额进度）时，按合同约定的超过额的百分比增加代理费，这种方法有利于提高营销代理机构的积极性,可以提高项目的销售价格或销售进度。

代理费(佣金)支付方法。销售任务达到30%时,按照回款数支付代理费的50%计算;销售任务完成50%时,按照回款数支付代理费的70%计算;销售任务达到80%时,按照回款数支付代理费的85%计算;余款销售任务完成时一次付清。

(4)房地产项目促销推广策划要领

①房地产促销卖点挖掘与推广主题提炼。卖点是产品所具有、不易被竞争对手抄袭的,同时又是可以展示、能够得到目标客户认同的特点。为把房地产项目成功地推向市场,应充分将其美好的、独特的、吸引人的卖点表现出来。房地产卖点必须具备3个条件:一是楼盘自身优越的不易被竞争对手抄袭的个性化特点;二是能够展示,能够表现出来的特点;三是能够得到目标客户认同的特点。提炼项目推广主题,就是将项目的卖点精炼为一两句话就形成项目的推广主题。主要解决"是什么样的物业?""卖给什么人?""能达到什么效果或有什么好处?"三个问题。

经验2-15 项目推广主题的提炼方法

从产品定位中寻找物业主题。首先要让消费者明确该项目是什么物业,要熟悉物业的基本构成,如交通状况、绿化、建筑设计特点、装修标准等。产品定位包含小区规划、建筑风格、小区环境、户型设计、功能定位、物业名称、物业管理等内容。将这些内容提炼为具体的主题,即形成物业主题。产品定位与推广主题内容见表2-24。

产品定位与推广主题内容　　　　　　　　　　　　表2-24

序号	产品定位内容	推广主题内容
1	位置及规模	交通条件、周边配套设施、总占地面积、总建筑面积、总套数
2	建筑风格	描述该种风格的外立面特点
3	小区环境	容积率、楼间距、绿化率、绿化面积、各项配套设施
4	户型设计	户型种类、面积、室内布局、使用率及细部介绍
5	功能定位	智能化程度、装修标准
6	物业名称	诠释楼盘名称的内涵、外延
7	物业管理	物业管理公司名称、荣誉、服务内容、收费标准、配备设施

从客户定位中寻找市场主题。客户定位明确了消费群体是怎样的一些人,其职业、收入、年龄、性别、文化层次、喜好及未来需要也明确了,由此而引起的一些消费倾向可以推断。所以,市场主题可以从客户定位中找出符合其需要及能力的要素,并对这些要素加以描述,突出"卖给什么人、供什么人享用"。

从形象定位中寻找广告主题。广告主题是广告所要表达的重点和中心思想,是通过一两句精炼的广告语来体现的,提高消费者对该项目的期望值,使其产生许多美好的联想和希望。例如,明华园的主打广告语"繁华深处是我家",让人不仅明白交通的便捷,更体验到了闹世深处的宁静、温馨。

②房地产项目楼盘市场推广计划制定。挖掘了卖点,提炼了推广主题之后就可以制定推广计划。根据不同的侧重点,可以针对推广费用、组织模式、阶段划分三个方面分别制定相应的计划。

费用计划。在推广实施之前对推广费用进行合理计划,使其能得到有效的控制。营销成本的构成:资料费、广告费、销售管理费、中介服务费等。要编制预算,确定项目营销成本的构成及比例(平衡各种费用)。例如,某公司财务计划中,营销成本对销售额之比为3.1%。

组织计划。首要的是确定组织模式,明确组织内部的各项活动及分工→建立组织职位→配备组织人员→制定组织规章制度→建立监督检查机制。

阶段计划。根据销售过程的预热期—强销期—持销期—尾盘期阶段性划分,项目市场推广过程也针对各个阶段销售任务的不同制订不同的促销组合推广计划:A. 在预热期,市场推广以突出项目的物业主题为主,展示楼盘的基本情况;B. 在强销期,以突出市场主题为主,吸引大量的目标客户群关注,使其产生共鸣;C. 在持销期,以突出广告主题为主,给人以丰富联想空间,在人气配合下产生好的效果;D. 在尾盘期,以朴实的宣传为重点,突出项目功能性特点。此种搭配只是作为参考,在实际推广过程中,往往是多种手段综合运用。

③房地产项目形象包装策划。形象包装目标是使项目楼盘概念具体化、专业化,建立楼盘良好形象,以便于给目标消费者留下深刻、明确的印象。

施工场地环境包装设计。一部分内容为工地围墙包装,工地立柱广告牌制作,工地公共标志牌制作、挂旗制作、路灯安装等;另一部分内容为绿化和其他配套工程完善,优先搞好工地围墙沿线、样板房参观路线以及绿化。重点做好外墙广告——最大的户外看板:楼盘的外墙一般是将外墙用墙柱分隔成多面,每面的内容图案颜色相同,主要是楼盘名、楼盘标识Logo、电话等,以达到统一形象,加深买家印象的目的;粉刷上投资商、发展商、代理商、承建单位、设计单位的大名及标志。

售楼部包装。一是在售楼处顶部或两侧布置户外广告看板,内容一般是楼盘透视效果图、楼盘名称、广告语、售租电话、楼盘标识Logo、交通图等。二是售楼部内部布置设计,包括接待区、展示区、洽谈区等,做好装修、装饰,制作和展示销售模型、售楼书,配置有关设施。三是培训售楼人员基本技能与礼仪。

样板房形象包装。样板房要能够集中展示开发商对目标客户的承诺兑现,要设计好房屋格调、气氛和家具配置等内容。

看楼通道包装。选择安全线路,从售楼部通向样板房(或事先准备好的现场典型套型),尽量搞好绿化。线路两边要有安全标识,合适的开阔位置悬挂楼盘相关介绍、图片等。

经验2-16 项目开盘前的市场预热

市场预热。是指楼盘在正式面市之前,采用广告、系列活动等手段对楼盘进行宣传,引起市场关注的过程。多数楼盘都是开盘前两个月左右开始预热,这样可以集中火力大力宣传,使有限的宣传投入不至于分散得战线太长造成浪费。也有个别实力雄厚的开发商早就"敲山震虎"、"打草惊蛇"造成"山雨欲来风满楼"的态势,在一片持久期待中"千呼万唤始出来"，加深楼盘印象。

楼盘预热的方式。①广告。一种是通过硬广告，例如工地围墙、户外路牌之类；另一种是软广告，利用新闻炒作、系列报道的手法做宣传。在预售证没拿到前，楼盘是不允许在报刊上公开发布售楼广告的，因此开发商也越来越多地采用新闻炒作的方式。②开展活动。如：深圳红树湾某项目在漫长的等待过程中，就采用了选美的方式，来吸引社会公众的注意。评选出来的美女都成了项目的售楼小姐，貌美年轻、才艺双全，也是楼市上最养眼的话题。再如：广州一个项目在市场预热过程中请出几位专家学者，以房地产权威人士的身份出席电视论坛，对该项目的销售价格进行预测，最后也收效显著。

楼盘预热的话题。①炒作项目的地域板块。如南京的地铁沿线、紫金山板块，都曾成为媒体一时热门的话题。②炒作项目的概念。这几年轮番登场的 E 概念、海景概念、Townhouse 概念、豪宅概念、情景洋房概念、SOHO 概念、小户型概念、水景概念、社区教育概念、郊居概念之类，不一而足，分别构成楼市亮丽的风景线。③炒作开发商的品牌。这一类仅限于真正形成品牌的企业，如万科、中海、金地等。

市场预热的节奏。要注意把握好，千万不能忽冷忽热，有的项目一开始就先声夺人，轰轰烈烈，宣传一阵子后忽然就销声匿迹，等一年半载又卷土重来，消费者心目中的印象早已淡漠，又需从零开始，前期的费用就白投了。预热可以是慢慢热，从微风细雨到狂风骤雨，效果是叠加的。忽冷忽热就会使效果冲减，因为楼市的竞争激烈，声音很多，没有人能够长时间记住一个楼盘在几个月之间喊出的声音。长久的等待会使潜在的购买客户慢慢流失，"为了一生享受的好房子，值得再等三个月"，这样的广告标题虽然符合实际，但是再等一年、两年、三年，则令人心焦，许多人会去寻找别的楼盘，好房子并不只是独此一处。因此，市场预热要设法抓住潜在目标客户，寻找和他们沟通的机会，促成认购。

经验 2-17　房地产尾楼、滞销楼盘的促销方法

尾盘、滞销楼盘。通常习惯把销售完成 80％以后即称为尾盘或滞销楼盘。这时开发商的投入成本都已收回，剩下的几乎是纯利润了，但剩下的一定是最难卖的，或者是朝向有问题，或者是户型结构有缺陷，或者是面积太大总价太高，总地来说是挑剩下的，销售难度极高。

尾盘、滞销楼盘促销方法。①如果是大盘分期开发，那么一期到尾盘时，可能二期才开始内部认购或者刚刚开盘，这时最好的促销手段就是二期提价，只要二期价格一上去，一期尾盘就会迅速迎刃而解。但是，二期整体价格走势也应该是在新的台阶上低开走高，不宜贸然高开高走。②降价打折。是尾盘促销的惯用套路。但剩下的几十套房子或上百套房子整体降价，可能会有失开发商的体面，所以常常采用特价房的方式来促销，即一次性拿出十套左右的房子，以很低的折扣推出，迅速销售一空，然后再考虑推出第二批特价房。到尾盘阶段，房价已到了利润极为丰厚的价格，这时让利给消费者开发商也没有吃什么大亏，特价房优惠一般在九折至九五折之间为宜，所以有些客户喜欢在尾盘里淘金。③人脉营销。因为前面已经卖出 80％～90％的房子，积累了大量客户，这些客户都是良好的口碑载体，他们对自己的同事同学、亲戚朋友夸赞自己所买的房子，并且邀请亲朋好友们去看自己和房子。消费者最信任的通常不是报纸电视路牌广告，也不是售楼员的销售说词，而是亲友告知。所以，要鼓励老客户带新客户。已购房客户介绍他的亲友来购买，对

他给予奖励,从一千元现金到赠送一年物业管理费直到特殊大奖,分成几个等级,鼓励老客户多推荐新客户。为了免除新客户感到心理不平衡,通常也同时对新客户给予一个点到两个点的价格优惠,这样就皆大欢喜了。

(5) 计算机实训软件项目营销组合策划信息录入要领

①录入产品组合;②录入价格策划内容;③录入渠道策划内容;④录入促销策划内容。

5. 作业任务及作业规范

(1) 作业任务

实训3的作业任务是"房地产项目营销策略组合策划",具体内容见表2-25。

房地产项目营销策略组合策划作业安排　　　　表 2-25

日期	地点	组织形式	学生工作任务	学生作业文件	教师指导要求
		①集中布置任务 ②集中现场考察 ③小组上网 ④小组讨论、策划	①房地产项目产品组合策划 ②房地产项目价格策划 ③房地产项目营销渠道策划 ④房地产项目促销推广策划 ⑤计算机实训软件录入营销项目营销组合策划内容	房地产项目营销策略组合策划方案	①总结实训2 ②布置实训3任务 ③组织讨论 ④指导业务过程 ⑤考核作业成绩

(2) 作业规范

实训3的作业规范,见综合实训项目学习活动3:房地产项目营销策略组合策划操作记录"题目8~题目12"。

综合实训项目学习活动任务单003:

房地产项目营销组合策划

操作记录表(表2-26~表2-30)

题目8　项目产品组合策划方案　　　　表 2-26

操作内容	规范要求
1. 房地产项目的主题概念设计	根据项目的市场调查及市场定位,从该项目区域的文化内涵中抽象、从竞争性项目的对比中挖掘、从项目自身的内在素质中分析、从顾客需求中选择、从社会经济发展趋势中演绎、从房地产发展的最新理念中提取,充分展现项目的优势和卖点

续表

操作内容	规 范 要 求
1. 房地产项目的主题概念设计	

续表

操作内容	规 范 要 求
2. 房地产项目整体形象设计	房地产项目 VIS 形象设计的内容：楼盘名称、楼盘标志 Logo、标准色、标准字、事务用品设计、员工工作服、交通工具和工作内外环境设计等
3. 产品差异化策略	（1）产品差异化：质量、性能、特色、设计风格差异化；（2）服务差异化；（3）品牌差异化；（4）营销渠道差异化

续表

操作内容	规 范 要 求
4. 项目产品组合设计	（1）产品的种类：住宅、商铺等；（2）产品形式：多层住宅、高层住宅、塔式住宅、板式住宅等；（3）产品深度：普通住宅、豪华住宅、别墅；（4）产品组合：多种房型格局配比、面积配比

续表

操作内容	规 范 要 求	
4. 项目产品组合设计		

注：可续页。

题目9 项目楼盘产品价格策划方案　　　　　　　　　　表 2-27

操作内容	规 范 要 求
1. 项目定价目标、原则与方法	（1）定价目标：利润最大化、市场占有率、树立企业形象；（2）定价原则：市场导向、加快销售速度、弹性灵活、价值相符、购买力适应、有利竞争；（3）定价方法：成本导向、竞争导向、需求导向、比较定价；（4）确定项目垂直价差、水平价差

续表

操作内容	规 范 要 求
2. 项目定价策略	(1) 新产品定价策略；(2) 心理定价策略；(3) 差别定价策略；(4) 折扣定价策略；(5) 过程定价策略：低开高走、高开低走、稳定价格

续表

操作内容	规 范 要 求
3. 项目价格控制与调整策略	（1）价格控制：逐步渐进提高，留有升值空间；开盘价、封顶价、竣工价、入住价；与此价格相适应的销售比例；（2）价格调整策略：价格敏感度分析、难点户型价格分析，低开高走调价、高开低走调价、波浪螺旋调价

续表

操作内容	规 范 要 求
4. 项目价格窗口表	根据上述操作内容，至少制定一栋楼的全部户型价格窗口表

注：可续页。

题目10 项目营销渠道策划方案　　　　　　　　　表 2-28

操作内容	规 范 要 求
1. 营销渠道选择依据	（1）产品因素；（2）市场因素；（3）竞争者；（4）开发商；（5）环境因素；（6）分析依据，不超过 500 字

续表

操作内容	规 范 要 求
2.确定营销渠道	（1）渠道选择：自销、中介代理、一二手房联动；（2）商品房代理销售合同

注：可续页。

题目 11　房地产项目促销推广策划方案　　　　　表 2-29

操作内容	规 范 要 求
1. 提炼促销推广主题	(1) 卖点挖掘；(2) 提炼推广主题：从产品定位中寻找物业主题、从客户定位中寻找市场主题、从形象定位中寻找广告主题；(3) 不超过 500 字

续表

操作内容	规 范 要 求
2. 促销组合方案	（1）选择项目市场推广方式：广告推广、人员推广、营业推广、公关推广；（2）制定广告推广方式的实施计划：推广费用、组织模式、阶段划分；（3）制定人员推广方式的实施计划；（4）制定促销推广方式的实施计划；（5）制定公关推广方式的实施计划；（6）不超过2000字

续表

操作内容	规 范 要 求
2. 促销组合方案	

续表

操作内容	规 范 要 求
2. 促销组合方案	

续表

操作内容	规 范 要 求
3. 房地产活动推广方案	(1) 活动推广形式；(2) 活动推广实施计划；(3) 不超过1000字

续表

操作内容	规 范 要 求
4. 一二手房联动推广计划	（1）一二手房联动推广实施计划；（2）不超过800字

续表

操作内容	规 范 要 求
5. 自媒体推广计划	（1）自媒体推广实施计划；（2）不超过800字

注：可续页。

题目 12　计算机实训软件录入营销项目营销组合策划内容　　表 2-30

操作内容	规 范 要 求
软件录入营销项目营销组合策划内容	把策划好的营销组合方案录入到计算机实训软件中

6. 实训考核

主要是形成性考核。由实训指导教师对每一位学生这一阶段的实训情况进行过程考核，根据学生上交的作业文件"综合实训项目学习活动任务单 003：房地产项目营销策略组合策划操作记录表（表 2-26～表 2-30）"5 个题目的完成质量，参照学生参与工作的热情、工作的态度、与人沟通、独立思考、讨论时的表现、综合分析问题和解决问题的能力、出勤率等方面情况综合评价学生这一阶段的学习成绩，把考核成绩填写在表 2-52 中。

实训 4　房地产项目楼盘营销计划与组织

1. 实训技能要求

（1）能够遵循房地产营销职业标准相关内容。
（2）能够在房地产营销业务中体现工匠精神。
（3）能够制定房地产项目楼盘营销计划。
（4）能够制定房地产项目楼盘营销组织。
（5）能够进行项目楼盘营销计划与组织内容信息录入。

2. 实训步骤

（1）房地产项目楼盘营销计划。
（2）房地产项目楼盘营销组织。
（3）计算机实训软件录入项目营销计划与组织内容。

3. 实训知识链接与相关案例

（1）房地产市场营销计划

房地产市场营销计划是对房地产市场营销活动方案的具体描述，规定了企业各项营销活动的任务、策略、目标、具体指标和措施，使企业的市场营销工作按照既定的计划有条不紊地循序渐进，从而最大限度地避免营销活动的混乱和盲目性。制定房地产营销计划是房地产企业根据自身所处的营销环境，整合营销资源，制定营销战略和营销策略的过程。

（2）房地产市场营销组织

是指房地产企业为了实现市场营销目标，而对企业的全部市场营销活动从整体上进行平衡协调的有机结合体，涉及企业内部市场营销活动的各个职位及其结构。市场营销组织必须与营销活动的四个方面，即职能、地域、产品和市场相适应。房地产营销部门的组织模式有以下 5 种模式：职能型组织；地区型组织，见图 2-15；项目型组织；市场型组织，见图 2-16；项目-市场型组织。

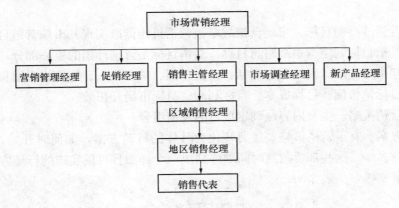

图 2-15 地区性营销组织机构

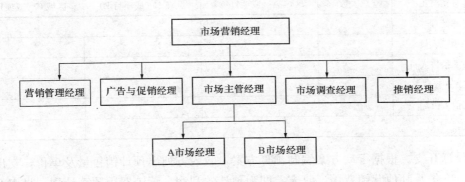

图 2-16 市场型营销组织机构

4. 实训要领与相关经验

房地产项目楼盘营销计划与组织实训用时 1～2 天。教师要指导学生填写实训进度计划表 1-1、考勤表 1-3 以及作业文件"综合实训项目学习活动任务单 004：房地产项目楼盘营销计划与组织操作记录表（表 2-34～表 2-36）"。

（1）编制房地产项目楼盘营销计划要领

房地产项目的营销计划要依据前面的项目营销组合策划编制，一个房地产项目的营销计划通常由 8 个部分组成：

①计划概要。计划书的开头要对本计划的主要目标和建议作扼要的概述，计划概要可让上级主管很快掌握计划的核心内容。

②营销现状分析。一是阐明影响未来房地产市场的重要的宏观环境趋势，如人口、经济、技术、政治、法律、社会文化等趋向。二是提供关于目标市场的资料，说明市场规模与近年来的增长率，同时预测未来年份的增长率，分析目标客户群的特征和购买行为，并按一定的因素进行市场细分。三是分析过去几年各种商品房的销量、价格和利润等资料。四是应分析主要竞争对手的规模、目标、市场占有率、商品房质量、营销策略等方面的资料，做到知己知彼。

③机会与威胁分析。机会是指营销环境中对企业有利的因素；威胁是指对企业营销不

利的因素。评估环境机会可从两方面进行：看吸引力，即潜在获利能力的大小；看成功的可能性。

④制定营销战略与目标。市场营销战略是营销机构借以实现其市场营销目标的营销逻辑，要围绕营销目标制定营销战略与目标。营销目标是营销计划的核心部分，它对企业的策略和行为起指导作用。营销目标包括：销售总额、销售收入、销售收入增长率、销售收入利税率、目标销售额、目标成本、目标利润、目标市场开拓数。

⑤制定营销策略。主要内容是确定项目的营销组合。

⑥行动方案。有了营销策略，还要转化为具体的行动方案，如何时开始，何时完成，由谁做，花费多少，这些都要按照时间顺序列成一个详细且可供实施的行动方案。如营销执行人员数量安排，见表2-31。

营销员工数　　　　　　　　　　　　　　　表2-31

全体营销员工	总人数	区域A（或项目A）	区域B（或项目B）	区域C（或项目C）
专职经理				
专职销售人员				
拿佣金的销售人员				
管理人员（含秘书）				
其他人员				
营销总人数				

⑦预算开支。根据行动方案编制预算方案，收入方列出预计销售量及单价，支出方列出人员、广告及其他营销费用，收支差即为预计的利润。营销费用预算计划，见表2-32。

营　销　费　用　　　　　　　　　　　　　　表2-32

营销费用项目	一季度		二季度		三季度		四季度	
	%	¥	%	¥	%	¥	%	¥
人力资源招聘、培训								
市场研究费用								
宣传广告费								
促销活动费								
销售人员费用								
管理费								
其他								
合计								

⑧营销控制手段。规定如何对计划执行过程进行控制，基本的做法是将计划规定的目标和预算按季度、月份或更小的时间单位进行分解，以便于主管部门能对计划执行情况进行监督检查。在执行计划过程中，要按照一定的评价和反馈制度，了解和检查计划的执行情况，评价计划的效率，分析计划是否在正常执行。有时，市场会出现意想不到的变化，甚至会出现意外事件，销售部门要及时修正计划，或改变策略，以适应新的情况。

经验 2-18　房地产促销计划制定方法

按销售促进涉及的内容，建立的房地产促销计划一般包括以下内容。

人员推销计划。包括推销人员选拔、培训计划；推销人员分派计划；推销人员考核、奖惩计划；推销人员营业促进配合计划等。

宣传广告计划。包括宣传计划、广告计划、广告预算、产品模型、目录等的设计、制作、分发、反馈计划、不同广告媒体选择及建立计划等。

营业推广方面的计划。包括营业推广总体设计及其单项计划，促成交易的营业推广计划，直接对顾客的营业推广计划及上述鼓励、配合推销员的营业推广计划等。

公共关系方面的计划。包括公共关系目标、对象、活动方式及发展方面的计划等。

促销策略组合计划。

指标：
①发展新业主数；
②巩固老业主数；
③广告收益率、宣传广告费控制数；
④展销、展览收益率；
⑤楼盘知名率及产品形象；
⑥企业知名率及企业声誉等。

（2）制定房地产项目楼盘营销组织要领

对营销组织进行设计时一般要经历 6 个环节：

①分析营销组织环境。首先要分析市场，市场状况对企业营销组织的影响主要来源于 3 个方面：市场产品结构、产品生命周期、购买行为类型。除了市场状况外，竞争者的状况也是企业在设计其营销组织形式时所必须考虑的一个环境因素。

②确定营销组织内部的各项活动。市场营销组织内部的活动主要有两种类型：一是职能性活动，它涉及市场营销组织的各个部门，范围相当宽泛，企业在制定战略时要确立各个职能在市场营销组织中的地位，以便开展有效的竞争；二是管理性活动，涉及管理任务中的计划、协调和控制等方面。

③建立组织职位。应考虑三个要素：职位类型、职位层次和职位数量，从而清晰各个职位的权力、责任及其在组织中的相互关系。

④设计组织结构。房地产营销组织一般有直线型、参谋型和项目矩阵型等结构。在设计组织结构时必须注意两个问题：一是把握好分权化程度，即权力分散到什么程度才能使上下级之间更好地沟通；二是确定合理的管理宽度，即确定每一个上级所能控制的合理的下级人数。

⑤配备组织人员。主要根据组织环境、组织内部活动、组织职位、组织结构来配置组织人员。此外，在分析市场营销组织人员配备时，必须考虑两种组织情况，即新组织和再造组织（在原组织基础上加以革新和调整）。

⑥检查和评价营销组织。当营销组织初步设计好后，要对组织进行评价，当发现不够完善时，则需要及时进行调整。

(3) 计算机实训软件录入项目营销计划与组织内容要领

①录入房地产项目楼盘营销计划内容；②录入房地产项目楼盘营销组织内容。

5. 作业任务及作业规范

(1) 作业任务

实训 4 的作业任务是"房地产项目楼盘营销计划与组织"，具体内容见表 2-33。

房地产项目楼盘营销计划与组织作业安排　　　　表 2-33

日期	地点	组织形式	学生工作任务	学生作业文件	教师指导要求
		①集中布置任务 ②集中现场考察 ③小组上网 ④小组讨论、策划	①房地产项目楼盘营销计划 ②房地产项目楼盘营销组织 ③计算机实训软件录入营销项目营销计划与组织内容	房地产项目楼盘营销计划与组织方案	①总结实训 3 ②布置实训 4 任务 ③组织讨论 ④指导业务过程 ⑤考核作业成绩

(2) 作业规范

实训 4 的作业规范，见综合实训项目学习活动 4：房地产项目楼盘营销计划与组织操作记录"题目 13～题目 15"。

综合实训项目学习活动任务单 004：

房地产项目楼盘营销计划与组织
操作记录表（表 2-34～表 2-36）

题目 13　房地产项目楼盘营销计划　　　　表 2-34

操作内容	规　范　要　求
1. 计划实施概要	概述本计划的主要目标和建议

续表

操作内容	规 范 要 求
1. 计划实施概要	

续表

操作内容	规 范 要 求
2. 营销现状分析	参照"实训 2 房地产项目市场分析与营销战略策划"操作记录表的相关内容,分析:①阐明影响未来房地产市场的重要的宏观环境趋势,如人口、经济、技术、政治、法律、社会文化等趋向;②目标市场规模,分析目标客户群的特征和购买行为;③分析过去几年各种商品房的销量、价格和利润;④分析主要竞争对手的规模、目标、市场占有率、商品房质量、营销策略

续表

操作内容	规 范 要 求
3. 威胁和机会分析	参照"实训2 房地产项目市场分析与营销战略策划"操作记录表的相关内容,分析:①机会点,项目吸引力,即潜在获利能力的大小;②威胁点,项目成功的可能性
4. 制定营销战略与目标	参照"实训2 房地产项目市场分析与营销战略策划"操作记录表的相关内容,制定:①营销战略;②营销目标——销售总额、销售收入、销售收入增长率、销售收入利税率、目标销售额、目标成本、目标利润、目标市场开拓数

续表

操作内容	规 范 要 求
5. 制定营销策略	参照"实训 3 房地产项目营销策略组合策划"操作记录表的相关内容，制定项目营销组合

续表

操作内容	规 范 要 求
6. 行动方案	参照"实训 3 房地产项目营销策略组合策划"操作记录表的相关内容,制定项目行动方案:何时开始,何时完成;由谁做;花费多少;要按照时间顺序详细排列并实施

续表

操作内容	规 范 要 求
7. 预算营销费用	根据行动方案编制预算方案,制定费用预算表

续表

操作内容	规 范 要 求
8. 营销控制手段	将计划目标和预算按季度、月份或更小的时间单位进行分解,制定计划控制表,对执行情况进行监督检查和调整

注:可续页。

题目14　房地产项目楼盘营销组织方案　　　　　　表 2-35

操作内容	规 范 要 求
1. 分析营销组织环境	（1）企业与项目规模；（2）市场状况；（3）产品特点；（4）购买行为类型；（5）不超过 500 字

续表

操作内容	规 范 要 求
2. 确定营销组织内部的各项活动	(1) 业务活动；(2) 管理活动
3. 建立组织职位	(1) 职位类型；(2) 职位层次；(3) 职位数量

续表

操作内容	规 范 要 求
4. 设计组织结构	设计组织结构图：有直线型、参谋型和项目矩阵型等结构

续表

操作内容	规 范 要 求
5. 配备组织人员	根据组织环境、组织内部活动、组织职位、组织结构来配置组织人员,设计人员配备表

注:可续页。

题目16 计算机实训软件录入项目营销计划与组织方案   表 2-36

操作内容	规 范 要 求
软件录入项目营销计划与组织方案	把策划好的项目营销计划与组织方案录入到计算机实训软件中

6. 实训考核

主要是形成性考核。由实训指导教师对每一位学生这一阶段的实训情况进行过程考核，根据学生上交的作业文件"综合实训项目学习活动任务单 004：房地产项目楼盘营销计划与组织操作记录表（表 2-34～表 2-36）"3 个题目的完成质量，参照学生参与工作的热情、工作的态度、与人沟通、独立思考、讨论时的表现、综合分析问题和解决问题的能力、出勤率等方面情况综合评价学生这一阶段的学习成绩，把考核成绩填写在表 2-52 中。

实训 5 房地产项目楼盘营销计划执行与销售控制管理

1. 实训技能要求

(1) 能够遵循房地产营销职业标准相关内容。
(2) 能够在房地产营销业务中体现工匠精神。
(3) 能够进行房地产项目楼盘营销计划执行与控制。
(4) 能够做好房地产项目楼盘销售管理。
(5) 能够做好售楼处管理。
(6) 能够通过计算机实训软件录入营销计划执行与控制信息，得出销售结果。

2. 实训步骤

(1) 房地产项目楼盘营销计划执行与控制。
(2) 房地产项目楼盘销售管理。
(3) 售楼处管理。
(4) 计算机实训软件上录入营销计划执行与控制内容，得出销售额。

3. 知识链接与相关案例

(1) 房地产营销计划执行与房地产销售

① 房地产营销计划执行。是指为实现战略营销目标而把营销计划转变为营销行动的

过程，执行需要日复一日、月复一月地有效贯彻营销计划活动。市场营销计划执行需要回答五个问题，概括起来简称"4W1H"，即：Who（谁）、When（何时）、Where（何地）、Why（原因）以及How（怎样）。市场营销系统中各个层次的人员必须通力合作、统筹内外资源来执行市场营销战略和计划。

② 房地产销售。是指把项目楼盘卖给消费者的过程，主要按照房地产项目营销组合策划和营销计划展开，一般分为销售准备阶段和销售实施阶段。房地产销售管理策略围绕房地产销售过程进行设计。

(2) 房地产营销控制

房地产营销控制包括估计市场营销战略和计划的成果，并采取正确的行动以保证实现目标。

① 控制过程包括4个步骤：一是管理部门设定具体的市场营销目标；二是衡量企业在市场中的业绩；三是估计希望业绩和实际业绩之间存在差异的原因；四是管理部门采取正确的行动，以此弥补目标与业绩之间的差距。

② 房地产营销控制的类型，按其内容的不同可分为四类，见表2-37。

房地产营销控制类型及手段　　　　　　　　　　　　表2-37

控制类型	控制人员	控制目的	控制手段
年度计划控制	中、高层经理	检查计划目标是否达到	① 销售量分析 ② 市场份额分析 ③ 销售费率分析 ④ 财务结果分析
赢利控制	营销负责人	检查是否在赢利	按以下划分分别计算盈利率 ① 产品 ② 地区 ③ 顾客群 ④ 渠道 ⑤ 销售金额
效率控制	业务和职能部门经理、营销负责人	提高营销费用的使用效率	分析效率状况 ① 销售队伍 ② 广告 ③ 营业推广 ④ 渠道
战略控制	高层经理	检查企业是否在市场、产品和渠道方面抓住了最佳机会	① 营销长期有效性分析 ② 营销审计 ③ 营销成功经验总结

(3) 房地产销售预备工作内容

① 房地产项目合法的审批资料预备。应准备《建设工程规划许可证》、《土地使用

权》。预售商品房要准备《商品房预售许可证》，现房销售应准备《商品房现售许可证》等资料。假如委托中介机构代理销售，还应准备正式的《代理销售委托书》。

② 销售资料准备。包括：宣传资料的准备、客户置业计划准备、认购合同准备、购房须知准备、价目表与付款方式一览表准备以及其他相关文件。

③ 销售人员准备。保证销售人员的数目与素质，对招聘的销售人员，要进行系统的售前培训工作，以提高其素质和能力。

④ 销售现场准备。包括售楼处设计布置、销售道具设计制作、样板房精装修、看楼通道的安全畅通与包装、施工环境美化以及一些户外广告牌、灯箱、导示牌、彩旗等，以营造现场喜庆的氛围。

销售成功是由多种因素综合而成，每一个环节均不可疏忽。一般而言，销售前的准备时间应在40～60天左右。

(4) 房地产项目销售实施工作程序

① 客户接待与谈判。该项工作有销售人员负责，此项工作销售人员必须按照有关规定进行。其他财务、工程及物业管理方面的专业人员，可在销售经理指示下及销售人员的请求下协同工作。

② 定金收取及认购合同签订。该项工作由销售人员与财务人员配合完成，认购合同由财务人员统一保管，在使用前由销售人员按顺序号领用，然后才能通知收取定金。定金必须由财务人员直接收取并开具收据。财务人员在收取定金时，必须做好房号的再次核实，以及认购合同的核查工作，然后即刻做好账目记录，这些记录包括房号、收取金额、合同编号、业主姓名、联系地址及电话等。

③ 交纳首期房款、签订正式楼宇买卖合同。认购合同中一般都约定首期房款交纳的具体时间。约定时间到达前2日，由销售人员负责提醒客户预备首期款，并将反馈情况向财务人员通报，并在到期日配合财务人员做好收取工作。首期款直接由财务人员收取，同时向客户开具收据及付清首期证实。若客户选择首期分期付款的，同时还要签订《首期分期付款协议》，完成后须做好账目记录。凭《付清首期证实》，工作人员原则上应立即与客户签订正式楼宇买卖合同，并向顾客说明余款交纳期限及银行按揭事宜。在整个过程中销售人员应做好客户接待、指引工作，并协助做好有关事宜解释工作。

④ 缴纳余款或办理按揭。该项工作由财务人员及专职人员负责完成，销售人员须做好客户接待、指引工作，在销售经理指示及有关专职人员要求下配合完成有关工作。

⑤ 其他售后服务。包括：已购房顾客回访，顾客提出有关申请的跟进与落实，项目进停止续的协助办理等。在这些服务过程中，销售人员必须树立"一次生意、终生客户"的宗旨，将顾客发展成为忠实顾客，为以后创造新的销售机会，同时还可以树立企业良好的形象。

此外，还有售楼处的人员排班、考勤、卫生、销售档案等日常办公管理。

(5) 房地产销售进度控制

销控能确保房屋均衡销售、资金均衡回笼，从而能保证开发建设均衡施工，避免房地产开发忽高忽低难控制的局面。销控是实现项目利润最大化的捷径，一个项目开盘即一抢而空不是一件好事，只能说明定价偏低，开发商没有得到最大的销售收入，所以要控制好销售节拍，在先导期、开盘期、强销期、收盘期每个期间内供应的销售量在面积、朝向、各安排合理的供给比例，楼层中保持一定大小、好坏、高低的比例，以实现均衡销售。主要销控措施：

① 时间控制。房地产销售阶段控制，见表2-38。

房地产销售阶段控制　　　　　　　　　　表2-38

阶　　段	时　　间	累计销售量
预售期	开盘前第1~3个月	5%~10%
强销期	开盘后第1~2个月	40%~60%
持续销售期	开盘后第3~6个月	70%~90%
尾盘期	开盘后第7~12个月	90%~100%

② 价格与房源控制。要设置价格阶梯，均衡推出房源。但是，销售不可能一帆风顺，难免会有卡壳现象，所以需要卖点储备与挖掘，及时推出新卖点，会缓解销售卡壳现象，确保销售过程均衡化。

③ 禁止虚假的不合规的销控做法。有假销控表、雇托炒房、人为惜售、虚假合同、拖延审批、延后预售许可及人为制造房价上涨假象等。

(6) 房地产销售过程广告管理

① 广告内容管理。房地产预售、销售广告，必须载明以下事项：开发企业名称；中介服务机构代理销售的，载明该机构名称；预售或者销售许可证书号。广告中仅介绍房地产项目名称的，可以不必载明上述事项。

② 房地产广告发布要求。房地产广告必须真实、合法、科学、准确，不得欺骗和误导公众。发布房地产广告，应当具有或者提供下列相应真实、合法、有效的证明文件：a. 房地产开发企业、房地产权利人、房地产中介服务机构的营业执照或者其他主要资格证明。b. 建设主管部门颁发的房地产开发企业资质证书。c. 土地主管部门颁发的项目土地使用权证明。d. 工程竣工验收合格证明。e. 发布房地产项目预售、出售广告，应当具有地方政府建设主管部门颁发的预售、销售许可证明；出租、项目转让广告，应当具有相应的产权证明。f. 中介机构发布所代理的房地产项目广告，应当提供业主委托证明。g. 工商行政管理机关规定的其他证明。

③ 发布房地产广告的有关规定。a. 房地产广告不得含有风水、占卜等封建迷信内容，对项目情况进行说明、渲染，不得有损社会良好风尚。b. 房地产广告中涉及所有权或者使用权的，所有或者使用的基本单位应当具有实际意义的完整的生产、生活空间。c. 房地产广告中对价格有表示的，应清楚表示为实际的销售价格，明示价格的有效期限。d. 房地产广告中表现项目位置，应以从该项目到达某一具体参照物的现有交通干道的实际距离表示，不得以所需时间来表示距离。房地产广告中的项目位置示意图，应当准确、清楚，比例恰当。e. 房地产广告中涉及的交通、商业、文化教育设施及其他市政条件等，如在规划或者建设中，应当在广告中注明。f. 房地产广告中涉及面积的，应当表明是建筑面积或者使用面积。g. 房地产广告涉及内部结构、装修装饰的，应当真实、准确。预售、预租商品房广告，不得涉及装修装饰内容。h. 房地产广告中不得利用其他项目的形象、环境作为本项目的效果。i. 房地产广告中使用建筑设计效果图或者模型照片的，应

当在广告中注明。j. 房地产广告中不得出现融资或变向融资的内容，不得含有升值或投资回报的承诺。k. 房地产广告中涉及贷款服务的，应当载明提供贷款的银行名称及贷款额度、年期。l. 房地产广告中不得含有广告，例如能够为入住者办理户口、就业、升学等事项的承诺。m. 房地产广告中涉及物业管理内容的，应当符合国家有关规定；涉及尚未实现的物业管理内容，应当在广告中注明。n. 房地产广告中涉及资产评估的，应当表明评估单位、估价师和评价时间；使用其他数据、统计资料、文摘、引用语的，应当真实、准确，表明出处。o. 对违反房地产广告发布规定的，依照《广告法》有关条款处罚，《广告法》无具体处罚条款的，由广告监督管理机关责令停止发布，并可对违法行为人处以 3 万元以下的罚款。

（7）商品房预售操作管理

商品房预售是指房地产开发企业将正在建设中的房屋预先出售给承购人，由承购人预付定金或房屋价款的行为。

① 商品房预售的条件。已交付全部土地使用权出让金，取得土地使用权证书。持有建设工程规划许可证和施工许可证。按提供预售的商品房计算，投入开发建设的资金达到工程建设总投资的 25% 以上，并已经确定施工进度和竣工交付日期。开发企业向城市、县人民政府房产管理部门办理预售登记，取得《商品房预售许可证》。

② 商品房预售许可。房地产开发企业进行商品房预售，应当向房地产管理部门申请预售许可，取得《商品房预售许可证》。进行商品房预售时，应当向求购人出示《商品房预售许可证》。申请商品房预售许可应当向城市、县人民政府房地产管理部门提交下列证件及资料：a. 商品房预售许可申请表；b. 开发企业的《营业执照》和资质证书；c. 土地使用权证、建设工程规划许可证、施工许可证；d. 投入开发建设的资金占工程建设总投资的比例符合规定条件的证明；e. 工程施工合同及关于施工进度的说明；f. 商品房预售方案，包括商品房的位置、面积、竣工交付日期等内容，并应当附商品房预售分层平面图。房地产管理部门做出的准予商品房预售许可的决定，应当予以公开，公众有权查询。

③ 商品房预售合同登记备案。房地产开发企业取得《商品房预售许可证》，可以向社会预售其商品房。商品房预售人应当在签约之日起 30 日内持商品房预售合同到县级以上人民政府房产管理部门和土地管理部门办理登记备案手续。

（8）商品房现售操作管理

商品房现售指房地产开发企业将竣工验收合格的商品房出售给买受人，并由买受人支付房价款的行为。现售必须符合以下条件：

① 出售商品房的房地产开发企业应当具有企业法人营业执照和房地产开发企业资质证书；

② 取得土地使用权证书或使用土地的批准文件；

③ 持有建设工程规划许可证和施工许可证；

④ 已通过竣工验收；

⑤ 拆迁安置已经落实；

⑥ 供水、供电、供热、燃气、通信等配套设施设备具备交付使用条件，其他配套基础设施和公共设备具备交付使用条件或已确定施工进度和交付日期；

⑦ 物业管理方案已经落实。

(9) 售楼部的组织设计

① 售楼部的组织结构。售楼部一般采用职能型结构。

② 售楼部的岗位职责。包括：项目总监的工作职责；策划相关岗位的工作职责；销售相关岗位的工作职责；客户服务相关岗位的工作职责。

③ 销售人员的职责。认真贯彻公司销售政策，为客户提供一流的接待服务；熟悉房地产基本常识和所销售产品的详尽的知识；在规定的时间内完成销售指标；宣传房地产项目，提升品牌形象；执行销售业务流程所规定的全部工作；建立良好的人际关系，积极收集反馈意见；开展市场调研工作，为公司收集第一手市场资料；负责按揭资料的预备与按揭工作；积极挖掘潜在客户；努力向上，坚持学习。

(10) 售楼部的工作流程

① 销售管理流程。包括：销售政策制定流程、销售价格制定流程、销控方案制定流程、销售面积确定流程；内部认购流程、集中开盘流程、认购管理流程；签约管理流程、延迟签约申请流程；按揭贷款办理流程；特殊优惠申请流程；认购阶段换房流程、认购阶段退房流程、签约阶段退房流程等。

② 销售业务流程。包括：售楼部基本工作流程；案场销售业务基本流程；电话接待流程；新客户接待流程、老客户接待流程、带看工地现场流程、带看样板房流程；客户跟踪回访流程、客户投诉处理流程、客户满意度调查流程；沙盘区讲解流程、样板区讲解流程、户型解读流程。

(11) 房地产销售相关业务

主要有：成套房屋建筑面积测算、签订商品房买卖合同、个人住房贷款、房地产产权登记等业务。成套房屋建筑面积测算中，成套房屋建筑面积＝套内建筑面积＋分摊共有建筑面积。

① 套内建筑面积＝套内房屋使用面积＋套内墙体面积＋套内阳台建筑面积。

② 分摊的共有建筑面积的计算。现行公用建筑面积由两部分组成：一是电梯井、楼梯间、垃圾道、变电室、设备间、公共门厅和过道、地下室、值班室、警卫室以及其他功能上为整幢建筑物服务的公共用房和管理用房建筑面积；二是套（单元）与公共建筑空间之间的分隔墙（包括山墙），墙体按建筑平面图纸轴线以外的水平投影面积。此外以下公用建筑不得分摊到本幢建筑物内：非本幢建筑物（如锅炉房、变电所、泵房等）；已作为独立使用空间的地下室、车库等；作为人防工程的地下室。公摊的公用建筑面积＝公用建筑面积公摊系数×套内建筑面积；公用建筑面积分摊系数＝公用建筑面积/套内建筑面积之和。

③ 误差的处理方式。面积误差比＝（产权登记面积－合同约定面积）/合同约定面积×100%。合同未作约定的，按以下原则处理：面积误差比绝对值在3%以内（含3%）的，据实结算房价款；面积误差比绝对值超过3%时，买受人有权退房。买受人退房的，房地产开发企业应当在买受人提出退房日期30日内办理退房退款。

4. 实训要领与相关经验

房地产项目楼盘营销计划执行与销售控制管理实训用时1~2天。教师要指导学生填写实训进度计划表1-1、考勤表1-3以及作业文件"综合实训项目学习活动任务单005：房地产项目楼盘营销计划执行与销售控制管理操作记录表（表2-40～表2-43）"。

（1）房地产项目楼盘营销计划执行与控制要领

① 企业要有效地执行市场营销计划，必须建立起专门的市场营销组织。企业的市场营销组织通常由一位营销副总经理负责。

② 营销部门在开展营销工作时的有效性，不仅依赖于营销组织结构的合理性，同时还取决于营销部门对营销人员的选择、培训、指挥、激励和评价等活动。只有配备合格的营销管理人员，充分调动他们的工作积极性和创造性，增强其责任感和奉献精神，把计划任务落实到具体部门、具体人员，才能保证在规定的时间内完成计划任务。

③ 年度计划控制。由企业中高层管理人员负责，检查营销活动的结果是否达到年度计划的要求，并在必要时采取调整和修正的措施。

④ 赢利能力控制。控制意外的各产品的实际获利能力，从而指导企业扩大、缩小或者取消某些产品和营销活动。盈利率分析在于找出妨碍获利的因素，并采取相应的措施排除或削弱这些不利因素的影响。

⑤ 效率控制。主要包括：销售队伍效率、广告效率、促销效率。

⑥ 战略控制。审计企业的战略、计划是否有效地抓住了市场机会，是否与市场营销环境相适应。一是营销效益等级评定；二是营销审计，发现问题和机会，提出行动建议和计划，以提高房地产项目的营销业绩。

（2）房地产项目楼盘销售管理要领

① 销售资料准备。一是宣传资料的准备，包括形象售楼书、功能楼书、折页、宣传单等房产销售的宣传资料；二是客户置业计划准备；三是认购合同准备；四是购房须知准备；五是价目表与付款方式一览表准备。五是其他相关文件，可根据项目自身来确定，如办理按揭指引、须交税费一览表、办理进住指引等相关文件或资料。

② 制定、印刷销售资料。主要有销售价格表、房屋销售合同以及楼书、平面图、小册子、海报等楼盘宣传资料。宣传资料内容：a. 楼盘概况——占地面积、建筑面积、公共建筑面积、建筑覆盖率、容积率、绿化率、物业座数、层数、层高、车位数。b. 发展商、投资商、建筑商、物业管理人、代理机构、按揭银行、律师事务所的名称、地址、电话及联系人姓名；c. 销售许可证及编号；d. 位置交通——楼盘所处具体位置图、交通路线图及位置、交通情况文字详细介绍；e. 周边环境——自然环境介绍、人文环境介绍、景观介绍；f. 生活配套设施——介绍周边学校、幼儿园、医院、菜市场、商场、超市、餐饮服务业、娱乐业、邮政电信；g. 建设项目的装修标准和所具备的主要设备——电梯、空调、煤气供热、电力、通信、有线电视、对讲系统等；h. 规划设计——包括楼盘规划人、规划理念、规划特点，楼盘建筑设计者、设计理念、建筑特色、环艺绿化风格特色等；i. 户型介绍——以灵活多样的方式将户型特色、户型优点全面展示；j. 会所介绍；k. 每平方米或总的销售价格——按揭比例、年限及首期交款额、每年交款额、一次交款优惠比例、优惠条件等；l. 物业管理介绍；m. 建筑装饰材料，新材料新科技成果运用等。

③ 销售现场准备。一是售楼处设计布置。售楼处应设在目标客源群经常出入的区域附近，同时又较易到达的地方，便于客户看房。销售处的设计、门面装修也很重要。内部的布局最好有展示区、接待区及销控区，不要混杂，内部的色彩基调宜用暖色，使人产生

暖洋洋的感觉。二是销售道具设计制作。包括：模型-规划沙盘、立面模型、剖面模型；效果图-立面透视效果、鸟瞰效果、中庭景观效果、单体透视效果；墨线图-小区规划墨线-楼层平面墨线-家具配置墨线等；灯箱片-把效果图、家具配置等翻拍成灯箱片，会形成良好的视觉刺激效果；裱板-把楼盘最重要的优点用文字、图表的方式制成裱板，挂在销售中心的墙上，便于销售员解说。三是样板房精装修、看楼通道的安全畅通与包装、施工环境美化。四是一些户外广告牌、灯箱、导示牌、彩旗等，以营造现场喜庆的氛围。

经验2-19　房地产项目楼盘销售人员数量、素质与培训

房地产项目楼盘销售人员数量确定。根据项目销售量、销售目标、广告投放等因素决定人数，然后根据销售动态情况进行动态调整。

房地产项目楼盘销售人员素质。招聘销售人员要求具有良好的个人形象、基本的专业素质和沟通能力。①售楼人员应具备的理论知识体系是：营销基础知识、广告基础知识、房地产基本知识、当前当地房地产走势、企业管理基础知识、服务基础知识、企业文化基础知识、推销基础知识、装修装饰基本知识、物业管理基本知识。②售楼人员所应具备的技巧：观察技巧、洽谈技巧、倾听客户。观察技巧——表情，对顾客的表情进行目测，根据顾客的表情来判断顾客特征，比如顾客满面春风、笑容可掬，说明顾客自信、成功、亲切；姿态，是很能反映出一个人的精神风貌的，比如顾客头是上扬的，可能这人比较傲慢自负；步态，从顾客的步态看顾客的性格，如顾客走路脚下生风，通常快人快语、豪爽。如走路沉稳缓慢，通常有城府；着装，从着装可以看出顾客的喜好和个性，喜欢穿休闲装的人，一般性格开放，不喜欢受到约束，西装革履则表示此人很注重形象，从服装的品牌可以看出顾客的身份和地位；手势，手势通常是用来表达意愿的，也是第二语言，假如顾客习惯性地经常摆手，说明这位顾客对什么事情都保持一份戒备心态，持怀疑态度；目光，目光是心灵的窗户，从目光中可以看出顾客的心灵动机；语态，从顾客谈话的态度来判断，假如顾客说话时东张西望，这个顾客目前可能是没有购买意向的，也许仅仅是了解一下而已；笑容，笑容是心境的写照，如果顾客笑时声音很大，笑得旁若无人，则说明顾客不拘小节；佩饰，根据顾客身上所佩戴的饰物来判断顾客的地位，如果顾客戴有昂贵的项链、手链、头饰等，基本可以说明顾客的身价不低；用具，从顾客所使用的东西可以判断身份，比如豪华小车的车主往往身价不菲。③洽谈技巧：注意语速、制造谈话氛围、拉拉家常、将我方优点比他方缺点、学会打补丁、制造饥饿感、集中精神、适时恭维。

确定培训内容。培训内容主要包括通用性培训和专业性培训。①通用性培训包括：公司制度、口头表达方法、组织方法、坚韧性、影响力、灵活度、敏感度、积极性、学习方法、判断方法、分析方法、洽谈技巧、服务态度、员工礼仪等。②专业性培训包括：公司楼盘特色——规划、户型、建筑、配套、教育、景观、功能等，区域楼市概况、竞争对手概况、营销基本知识、推销策略与技巧、投诉处理方法、刁蛮顾客应对措施、合同签订程序、专业术语、销售部工作流程及行为规范、营销策略思路理解、市场状况及竞争对手分析、产品理解、发展商介绍及经营理念、项目优劣势分析、客户信息资料的获取技巧、买家分析、各种销售表格的填写规范、工程知识、入住须知及物业管理、计价及按揭知识、投资分析、合同及法律知识、国家政策法规等。首先，熟悉楼盘周边环境，附近有什么交

通线路，交通规划，有何重大的市政工程，何时动工、何时完成。附近有何小学、中学和幼儿园，生活配套是否齐全等。第二，与本案产品竞争的有哪些楼盘，他们在哪里？与我们相比有何优点与缺点，他们的价格如何？房型如何？卖得如何？为什么卖得好？为什么卖得差？只有做到知己知彼，方能百战百胜。第三，对本楼盘透彻的了解，比如不仅仅要知道一套房子的房间、厅、厨、卫的面积，还要知道公共走道的宽度，电梯厅的面积，管道井的位置，房间内部管线的排布方式等。不仅要知道厨房、卫生间、室内装修标准，还要知道公共部分，外墙的建材及特性，电梯、中央空调、水泵的品牌及功能有何特点？甚至每户的电量多少？有线电视的插孔有几个？在什么位置等，都要去了解。

确定培训方式。销售员采用统一模拟训练，一个充当客户，一个做业务员进行针对性地强化训练。统一的销售说词。设想客户可能会问的所有问题，全部列出来，进行统一解答，以免同一个问题会有不同的答案。尽量把自己设想成一个客户，从客户的立场和角度去研究楼盘，才能做到疏而不漏，才能心中有底，对答如流。

（3）售楼处管理要领

① 售楼部行政管理制度。包括：售楼部员工守则；售楼部考勤制度；售楼部值班制度；售楼部例会制度；售楼部卫生管理制度；售楼部安全管理制度；销售用品管理制度；售楼部考核制度、售楼部处罚条例；售楼部奖金分配管理制度。

② 售楼部工作规范制度。包括：案场工作纪律；销售礼仪规范；服务用语规范；客户接待行为规范。

③ 售楼部业务管理制度。包括：员工培训制度；客户接待制度；销控管理制度；样板房管理制度；销售报表管理制度；成交签约管理制度；销售奖励办法；业绩分配制度；销售提成制度。

④ 注意商品房销售中禁止的行为。A. 不得在未解除商品房买卖合同前，将作为合同标的物的商品房再行销售给他人。B. 不得采取返本销售或变相返本销售的方式销售商品房。C. 不符合商品房销售条件的，房地产开发企业不得销售商品房，不得向买受人收取任何预定款性质费用。D. 商品住宅必须按套销售，不得分割拆零销售。E. 禁止商品房预购人将买卖的未竣工的预售商品房再行转让。此外，房屋所有权申请人与登记备案的预售合同载明的预购人必须一致。实行实名制购房，推行商品房预售合同网上即时备案，防范私下交易行为。

经验 2-20　顾客购房心理与销售对策

顾客的消费行为是其心理活动的外在表现，顾客的偏好、性格不同，则其购买行为也不同，其心理活动也具有不同的特点。销售人员只要对症下药，就可以节省许多交易时间成本。

理智稳健型顾客。心理活动特征：考虑问题冷静稳健，不轻易被销售人员的言辞所打动，对于项目的疑点，他们一定会详细了解，不会有半点含糊。销售对策：在销售过程中加强对房屋本质、开发商信誉及房屋独特优点的介绍，而且说辞必须有理有据，从而获得顾客的理解和信任。

小心谨慎型顾客。心理活动特征：这类人由于做事过分小心，无论大事小事，哪怕是一块玻璃,一个开关都在顾虑之内,常常由于一个无关大局的小事而影响最终决定。销售对策:销售人员应该在销售过程中通过几个细节的介绍尽快取得对方的初步信任,加强其对产品的信心。当其考虑的问题远离主题时,应该随时创造机会将其导进正题。在其交纳定金后,更应该"快刀斩乱麻"让其签约,以坚定其选择。

沉默寡言型顾客。心理活动特征:这种人往往做事谨慎,考虑问题常常有自己的一套,并不轻易相信别人的话,外表严肃,反应冷漠。销售对策:在介绍产品的特点以外,应通过亲切的态度缩短双方的距离。通过多种话题,以求尽快发现其感兴趣的话题,从而了解其真正需求。如表现厌烦时,可以考虑让其独自参观,并不时留意,在其需要时进行介绍。

感情冲动型顾客。心理活动特征:这种人天性易激动,容易受外界怂恿与刺激,一旦激动起来,则很快就能做出决定。销售对策:从一开始就不断强调产品的特色和实惠,促使其快速决定。当顾客不想购买时,更应该应对得体,以免其过激的言辞影响其他顾客。

优柔寡断型顾客。心理活动特征:内心犹豫不定,不敢作决断,可能是第一次购房,所以经验不足,害怕上当受骗。销售对策:销售人员必须态度坚决而自信,通过信而有证的公司业绩、产品品质、服务保证等赢取顾客信赖,并在适当的时机帮助其作决定。

盛气凌人型顾客。心理活动特征:由于具有一定的经济实力等优越条件,习惯说话趾高气扬,更喜欢以下马威来吓唬销售人员,并拒人于千里之外,以此显示自己和别人不一样。销售对策:应及时稳住立场,态度不卑不亢,在尊敬对方的同时也应该适当恭维对方,从而寻找其弱点,创造销售机会。

求神问卜型顾客。心理活动特征:由于迷信,常常会将决定权交由"神意"或随行的风水大师。销售对策:尽量通过现代的观点配合其风水观,强调人的价值,并引导其选择科学的居住方式。

敏感型顾客。心理活动特征:这种人比较敏感,听风便是雨,事事容易往坏处想,任何小事都容易刺激到他,表现了其心里没底,需要帮助。销售对策:开始时必须言行谨慎,多听少说,仪态庄重严肃,在取得信任后以有力的事实说服对方,不要做过多的描述。

借故拖延型顾客。心理活动特征:这种人可能是随意看看,不能立即决定,或者根本就没有购买的打算。但是也有可能有购房意向,不过生性迟疑,习惯于借故拖延,推三阻四,企盼更大的优惠出现。销售对策:在介绍过程中不断摸索顾客不能决定的原因,并设法解决,但要掌握分寸,可以让一些小利,并让其产生我方一再让步的感觉,不好意思再推托。

(4) 计算机实训软件上录入营销计划执行与控制内容要领

① 营销计划执行与控制内容;② 销售管理内容;③ 得出项目楼盘各产品的销售额,由计算机根据营销策划方案自动计算。

5. 作业任务及作业规范

(1) 作业任务

实训5的作业任务是"房地产项目楼盘营销计划执行与销售控制管理",具体内容见表2-39。

房地产项目楼盘营销计划执行与销售控制管理作业安排　　　　　　　　表 2-39

日期	地点	组织形式	学生工作任务	学生作业文件	教师指导要求
		①集中布置任务 ②集中现场考察 ③小组上网 ④小组讨论、策划	①房地产项目楼盘营销计划执行与控制 ②房地产项目楼盘销售管理 ③售楼处管理 ④计算机实训软件上录入营销计划执行与控制内容，得出销售额	房地产项目楼盘营销计划执行与销售控制管理方案	①总结实训4 ②布置实训5任务 ③组织讨论 ④指导业务过程 ⑤考核作业成绩

（2）作业规范

实训5的作业规范，见综合实训项目学习活动5：房地产项目楼盘营销计划执行与销售控制管理操作记录"题目16～题目19"。

综合实训项目学习活动任务单005：

房地产项目楼盘营销计划执行与销售控制管理
操作记录表（表2-40～表2-43）

题目16　房地产项目楼盘营销计划执行控制方案　　　　　　　　表 2-40

操作内容	规 范 要 求
楼盘营销计划执行控制方案	（1）OTO执行房地产营销计划：4W1H；（2）营销执行控制手段：计划控制、赢利控制、效率控制、战略控制；（3）不超过800字

续表

操作内容	规 范 要 求
楼盘营销计划执行控制方案	

注：可续页。

题目 17 房地产项目楼盘销售管理方案　　　　　　　　表 2-41

操作内容	规 范 要 求
1. 房地产项目合法的审批资料预备	需要预备的合法的审批资料种类

续表

操作内容	规 范 要 求
2. 销售资料准备	宣传资料、客户置业计划、认购合同、购房须知、价目表与付款方式一览表以及其他相关文件，各提供一个样本

续表

操作内容	规范要求
3. 销售人员准备	销售人员数目、素质要求

续表

操作内容	规 范 要 求
4. 销售现场准备	售楼处设计布置、销售道具设计制作、样板房精装修、看楼通道的安全畅通与包装、施工环境美化以及一些户外广告牌、灯箱、导示牌、彩旗等，各提供一个样本或照片

续表

操作内容	规 范 要 求
5. 销售实施工作程序	客户接待与谈判；定金收取及认购合同签订；交首期房款、签订正式楼宇买卖合同；缴纳余款或办理按揭等，各提出工作要点

续表

操作内容	规 范 要 求
6. 房地产销售进度控制	房屋均衡销售、资金均衡回笼。(1) 时间控制：预售期、强销期、持续销售期、尾盘期；(2) 价格控制：价格阶梯；(3) 房源控制：均衡推出房源

续表

操作内容	规 范 要 求
7. 房地产销售过程广告管理	广告内容管理；广告投放节奏及预算

注：可续页。

题目 18　售楼处管理方案　　　　　　　　表 2-42

操作内容	规　范　要　求
1. 售楼部的组织设计	（1）售楼部的组织结构；（2）售楼部的岗位职责；（3）销售人员的职责；（4）不超过 800 字

续表

操作内容	规 范 要 求
1. 售楼部的组织设计	

续表

操作内容	规 范 要 求
	销售管理流程,至少 5 个;销售业务流程,至少 5 个
2. 售楼部的工作流程	

续表

操作内容	规 范 要 求
2. 售楼部的工作流程	

续表

操作内容	规 范 要 求
3. 售楼处管理制度	合同管理制度；售楼部员工守则；售楼部考勤制度；售楼部值班制度；售楼部例会制度；售楼部卫生管理制度；售楼部安全管理制度；销售用品管理制度；售楼部考核制度、售楼部处罚条例；售楼部奖金分配管理制度（至少5个）

续表

操作内容	规 范 要 求
3. 售楼处管理制度	

注：可续页。

题目 19　计算机实训软件录入营销计划执行与销售控制管理方案　　表 2-43

操作内容	规　范　要　求
实训软件录入营销计划执行与销售控制管理方案	把策划好的营销计划执行与销售控制管理方案录入到计算机实训软件中

6. 实训考核

主要是形成性考核。由实训指导教师对每一位学生这一阶段的实训情况进行过程考核，根据学生上交的作业文件"综合实训项目学习活动任务单 005：房地产项目楼盘营销计划执行与销售控制管理操作记录表（表 2-40～表 2-43）"4 个题目的完成质量，参照学生参与工作的热情、工作的态度、与人沟通、独立思考、讨论时的表现、综合分析问题和解决问题的能力、出勤率等方面情况综合评价学生这一阶段的学习成绩，把考核成绩填写在表 2-52 中。

实训 6　房地产项目楼盘销售业绩分析与售后服务

1. 实训技能要求

（1）能够遵循房地产营销职业标准相关内容。
（2）能够在房地产营销业务中体现工匠精神。
（3）能够通过计算机实训软件进行项目楼盘销售额计算。
（4）能够做好项目楼盘销售业绩分析。
（5）能够做好项目楼盘售后服务方案设计。

2. 实训步骤

（1）计算机实训软件项目楼盘销售额计算。
（2）房地产项目楼盘销售业绩分析。
（3）项目楼盘销售佣金结算与售后服务方案设计。

3. 知识链接与相关案例

（1）计算机实训软件项目楼盘销售额计算

当提交房地产项目营销策划方案后，计算机房地产营销业务实训软件会自动计算项目楼盘各产品的销售额。

(2) 房地产项目楼盘销售业绩分析

① 销售分析。就是分析对比实际销售额与预定目标值之间的差距，并找出产生缺口的原因。

② 产品市场定位分析。通过营销业绩分析产品市场定位是否准确。

③ 营销费用率分析。市场营销人员应该对各项费用率加以分析，并将其控制在一定限度内。例如：假定某楼盘的费用/销售额为3%，即每销售10000元房屋，支出费用300元。

④ 销售队伍效率。主要指标是推销员平均每天推销访问的次数、每次推销访问的平均销售额、每次推销访问的平均成本、每100次推销访问的成交百分比等。

⑤ 广告效率。包括每一个覆盖1000人的广告成本，消费者对于广告内容和有效性的意见，对于产品态度的事前事后变化的衡量等。

⑥ 促销效率。包括各种激发买主购买兴趣的方法所产生的效果。

⑦ 公共关系效率。开展公共关系活动所带来的销售增量分析。

⑧ 市场占有率分析。销售分析只能说明企业本身的销售成绩，但不能反映企业与竞争对手相比的市场地位如何。只有企业的市场占有率上升时，才说明他的竞争地位在上升。市场占有率分析还要确定运用各种市场占有率，通常有三种主要的市场占有指标：a. 全部市场占有率；b. 有限地区市场占有率；c. 相对市场占有率。

案例2-7　未完成销售计划的主要原因在哪里？

假定年度计划要求，第一季度按每平方米10000元的价格销售某种住宅40000平方米，目标销售额为4亿元；但到季度末仅按每平方米8000元的价格出售了30000平方米，总销售额2.4亿元，比目标销售额减少了1.6亿元，那么这1.6亿元的减少额有多少是由于销售量下降造成的？有多少是由于价格降低造成的？

分析计算方法如下：

(1) 由于价格下降造成的影响＝(10000－8000)元×30000＝0.6亿元，占1.6亿元的37.5%。

(2) 由于销量下降造成的影响＝10000元×(40000－30000)＝1.0亿元，占1.6亿元的62.5%。

因此，销售额下降的三分之二是由于销量未达目标所造成的，故该企业应密切注意未达预期销售量目标的原因。

(3) 项目楼盘售后服务

售后服务，就是在楼盘出售以后为购房者提供的一系列服务活动，主要包括咨询、协助办理个人住房贷款、办理房地产产权登记、楼宇交付等。

(4) 办理个人住房贷款

① 房地产贷款程序：借款申请→受理申请→签订合同（贷款人审查同意贷款后，借款人与贷款人签订《借款合同》，并根据担保方式的不同，借款人与贷款人签订《抵押合同》或《质押合同》，或第三方保证人、抵押人、质押人与贷款人签订《保证合同》、《抵押合同》或《质押合同》，如果采取抵押担保，还应依法办理抵押登记）→发放贷款（贷

款人按借款合同约定按时发放贷款）→归还贷款（借款人按借款合同约定按时偿还贷款本息）→合同变更→结清贷款。

② 个人住房贷款的种类。一般分为商业性贷款、公积金贷款和组合贷款。

③ 个人住房贷款中的几个主要术语：

A. 首期付款与首付款比率。首期付款简称首付款，是指购买住房时的首次付款金额。首付款比率指首期付款占所购住房总价的比率。一般有最低首付款比率的规定，如最低首付款比率为20%。

B. 贷款金额。简称贷款额，是指借款人向贷款人借款的数额，一般为所购住房总价减去首期付款后的余额。贷款成数（指贷款金额占抵押房地产价值的比率）最高不得超过抵押房地产价值的80%。

C. 贷款期限。是指借款人应还清全部贷款本息的期限。

D. 贷款利率。是指借款合同中所规定的贷款利率。有固定利率和浮动利率。

E. 分期偿还额。是指在分期还款的贷款中借款人每期应偿还贷款的数额。

F. 偿还比率。又称收入还贷比，是指借款人分期偿还额占其同期收入的比率。在发放贷款时，通常将偿还比率作为衡量贷款申请人偿债能力的一个指标，并规定一个最高比率，如将这一比率控制在30%以内，即给予借款人的最高贷款金额不使其月偿还额超过其家庭月收入的30%。

G. 月所有债务支出与收入比。中国银行业监督管理委员会要求应将借款人住房贷款的月房产支出与收入比控制在50%以下（含50%），月所有债务支出与收入比控制在55%以下（含55%）。

H. 贷款额度。又称贷款限额。贷款人一般会用不同的指标对借款人的贷款金额做出限制性规定，如：贷款金额不得超过某一最高金额；贷款金额不得超过按照最高贷款成数计算出的金额；贷款金额不得超过按照最高偿还比率计算出的金额。当借款人的申请金额不超过以上所有限额的，以申请金额作为贷款整额；当申请金额超过以上任一限额的，以其中的最低限额作为贷款金额。

I. 贷款余额。是指分期付款的贷款，在经过一段时期的偿还之后，尚未偿还的贷款本金数额。

(5) 办理房地产产权登记

房地产产权登记是国家为健全法制，加强城镇房地产管理，依法确认房地产产权的法定手续。它要求凡在规定范围内的房地产权，不论归谁所有，都必须按照登记办法的规定，向房地产所在地的房地产管理机关申请登记。经审查确认产权后，由房地产管理机关发给《房地产权证》。采取房地产登记制度，一经登记，就确定了房地产权利。

① 房屋权属登记的类型。包括：总登记、初始登记、转移登记、变更登记、他项权利登记、注销登记。

② 产权登记内容。房地产登记时要对权利人、权利性质、权属来源、取得时间、变化情况和房地产面积、结构、用途、价值、等级、坐落、坐标、形状等进行记载，登记机关设置房地产登记册，按编号对房地产登记事项作全面记载。

③ 我国房地产登记原则：产权登记与产权审查确认同步；登记产权现状；产权人亲自办理；权利人会同办理；严格按照程序办理。

④ 房地产交易与房屋权属登记程序流程：受理→初审→复审→审批→缮证→收费发证→归档。

⑤ 办理房地产交易与房屋权属登记办事时限及必收要件：

A. 初始登记。办事时限：5个工作日。必收要件包括：a. 土地使用权证书复印件或土地来源证明；b. 建设工程规划许可证；c. 建设单位关于房屋竣工验收合格的证明；d. 房产测绘机构出具的房屋建筑面积测绘成果报告（购买商品房的，由房地产开发企业统一提供）。

B. 转移登记。办事时限：10个工作日。必收要件：a. 房屋权属证书；b. 房地产转让证明材料（房地产转让合同或协议，法院司法文书，房地产赠与、房地产继承公证书等）。

C. 变更登记。办事时限：5个工作日。必收要件：a. 房屋权属证书；b. 房屋翻建的批件，名称、房屋面积等发生变化的有关证明。

D. 房地产抵押登记。办事时限：5个工作日。必收要件：a. 房地产抵押合同；b. 房屋权属证书（以预售商品房贷款抵押或者以在建工程抵押的，则应提供已生效的预售合同以及其他有权设定抵押权的文件与证明材料等）；c. 土地使用权证书或用地证明。典权登记提交设典协议，其他收件及办事时限同房地产抵押登记。

E. 注销登记。办事时限：2个工作日。必收要件：a. 原房屋权属证书；b. 其他有关证明材料。

F. 商品房预售合同登记备案。办事时限：1个工作日。必收要件：商品房预售合同。

G. 房屋租赁登记备案。办事时限：3个工作日。必收要件：a. 房屋权属证书复印件；b. 房屋租赁合同。对于以上登记所要求的必需文件，首先是要求文件资料的真实性，其次是文件的有效性，不能是失效的文件资料。如果遇到特殊情况，当事人不能及时提交这些必要文件时，可以区别对待：如产权来源缺乏必要原始证明的，应增加公告程序并延长办件时限；委托代办的，应加收授权委托书及身份证明等。

（6）楼宇交付

所谓"交付"就是把房屋交给购房者，购房者（业主）领取钥匙，接房入住。当物业管理公司的验收与接管工作完成以后，即物业具备了交付条件后，物业管理公司就应按程序进入物业的交付手续的办理阶段。物业管理公司应及时将接房通知书、接房手续书、接房须知、收费通知书一并寄给业主，以方便业主按时顺利地办好入伙手续。

① 物业交付阶段是矛盾集中暴露期，需要加强服务。

② 楼宇交付的程序与工作如下：

A. 察看房屋、设备及设施；

B. 按时办理收房手续、及时付清房款及有关费用；

C. 仔细阅读"住户手册"，弄清楚管理单位的有关规定，收费情况和入住应办理的手续；

D. 签订"管理协议"，遵守各项管理制度；

E. 办理装修申请手续。

4. 实训要领与相关经验

房地产项目楼盘营销业绩分析与售后服务实训用时1~2天。教师要指导学生填写实训进度计划表 1-1、考勤表 1-3 以及作业文件"综合实训项目学习活动任务单 006：房地产项目楼盘营销业绩分析与售后服务操作记录表（表 2-45、表 2-46）"。

(1) 计算机实训软件项目楼盘销售额计算要领

当计算机房地产营销业务实训软件自动计算项目楼盘各产品的销售额后，要计算项目楼盘销售总额。

(2) 地产项目楼盘销售业绩分析要领

① 计算实际容积率，分析产品策划；② 按住宅、商铺、车位等产品计算销售额或均价，分析价格与促销策划的优缺点；③ 计算销售总额，分析销售执行情况和销售佣金；④ 将分析的具体数据录入计算机内，见图 2-17，与计算机自动计算的结果比对，全部正确后才可以提交保存，得出实训销售业绩排名。

地块面积	平方米		目标市场	中低收入人群		市场定位	中低档	
住宅面积		平方米	商铺面积		平方米	容积率		
住宅销售额		万元	商铺销售额		万元	车库销售额		万元
住宅均价		元/平方米	佣金比例	2.00%		销售佣金额		万元
总销售额		万元	促销成本结余		万元	业绩		万元

图 2-17 销售业绩分析内容

(3) 项目楼盘销售佣金结算与售后服务要领

① 项目楼盘销售佣金按销售额的佣金提取比例结算；② 售后服务包括：办理按揭、办理土地使用权变更和房屋所有权登记手续，已购房顾客回访，顾客提出有关申请的跟进与落实，项目进停止续的协助办理等。

5. 作业任务及作业规范

(1) 作业任务

实训 6 的作业任务是"房地产项目楼盘营销业绩分析与售后服务"，具体内容见表 2-44。

房地产项目楼盘营销业绩分析与售后服务作业安排　　　　表 2-44

日期	地点	组织形式	学生工作任务	学生作业文件	教师指导要求
		① 集中布置任务 ② 集中现场考察 ③ 小组上网 ④ 小组讨论、策划	① 计算机实训软件项目楼盘销售总额计算 ② 房地产项目楼盘销售业绩分析 ③ 销售佣金结算与项目楼盘售后服务	销售业绩分析与售后服务方案	① 总结实训 5 ② 布置实训 6 任务 ③ 组织讨论 ④ 指导业务过程 ⑤ 考核作业成绩

(2) 作业规范

实训 6 的作业规范，见综合实训项目学习活动 6：房地产项目楼盘销售业绩分析与售后服务操作记录"题目 20、题目 21"。

综合实训项目学习活动任务单006：

房地产项目楼盘营销业绩分析与售后服务
操作记录表（表2-45、表2-46）

题目20　计算机实训软件项目楼盘销售总额计算与销售业绩分析　　　　表2-45

操作内容	规　范　要　求
1. 实训软件项目楼盘销售总额计算	（1）当提交房地产项目营销策划方案后，计算机房地产营销业务实训软件会自动计算项目楼盘各产品的销售额；（2）项目楼盘销售总额计算

续表

操作内容	规 范 要 求
2. 销售业绩分析	（1）销售总额与成交价格分析；（2）产品分析；（3）营销策略分析；（4）促销成本分析

注：可续页。

题目 21　项目楼盘销售佣金结算与售后服务方案　　表 2-46

操作内容	规 范 要 求
1. 佣金结算	计算机房地产营销业务实训软件会自动计算佣金额
2. 售后服务内容	办理按揭、办理土地使用权变更和房屋所有权登记手续；购房顾客回访；顾客问题的跟进与落实等，制定各项工作要点

注：可续页。

6. 实训考核

主要是形成性考核。由实训指导教师对每一位学生这一阶段的实训情况进行过程考核，根据学生上交的作业文件"综合实训项目学习活动任务单006：房地产项目楼盘营销业绩分析与售后服务操作记录表（表2-45、表2-46）"2个题目的完成质量，参照学生参与工作的热情、工作的态度、与人沟通、独立思考、讨论时的表现、综合分析问题和解决问题的能力、出勤率等方面情况综合评价学生这一阶段的学习成绩，把考核成绩填写在表2-52中。

实训7 房地产营销综合实训总结与经验分享

1. 实训技能要求

（1）能够进行房地产营销综合实训总结。

（2）能够做好房地产营销综合实训经验分享。

2. 实训步骤

（1）房地产营销综合实训总结。

（2）房地产营销综合实训分享。

3. 实训知识链接与相关案例

（1）总结

是对过去一定时期的工作、学习或思想情况进行回顾、分析，并做出客观评价的书面材料。按内容分，有学习总结、工作总结、思想总结等，按时间分，有年度总结、季度总结、月份总结等。和其他应用文体一样，总结的正文也分为开头、主体、结尾三部分，各部分均有其特定的内容。

① 开头。总结的开头主要用来概述基本情况。包括单位名称、工作性质、主要任务、时代背景、指导思想，以及总结目的、主要内容提示等。作为开头部分，要注意简明扼要，文字不可过多。

② 主体。这是总结的主要部分，内容包括成绩和做法、经验和教训、今后打算等方面。这部分篇幅大、内容多，要特别注意层次分明、条理清楚。

③ 结尾。结尾是正文的收束，应在总结经验教训的基础上，提出今后的方向、任务和措施，表明决心、展望前景。这段内容要与开头相照应，篇幅不应过长。有些总结在主体部分已经表达过了，就不必在结尾部分再体现。

（2）房地产营销综合实训总结

就是对整个房地产营销综合实训情况进行回顾、分析，并做出客观评价。房地产营销综合实训总结的写作方法与上面提到的其他总结的写作方法类似，同样要求：实事求是、突出重点、突出个性。

案例2-8 "阳光雅居"营销策划的实训总结

1. 一个星期的实训时间，让我学到了很多东西。为期一周的房地产"阳光雅居"营销策划综合实训不知不觉就过去了。在陈老师的亲切指导下，"阳光雅居"实训项目使我们不仅在理论上对房地产整个领域有了全新的认识，在实践能力上也得到了提高，明白了作为一名新时期的高职人才一定要做到学以致用，更学到了其他很多为人处事的道理，这些对我来说受益匪浅。

除此以外，我还学会了如何更好地与别人沟通，如何更好地去陈述自己的观点，如何说服别人认同自己的观点。第一次亲身感受了所学知识与实际的应用，理论与实际的相结合，让我大开眼界。也是对以前所学知识的一个初审吧！这次实训对于我以后学习、找工作真是受益匪浅，在短短的一个星期中让我初步从理性回到感性的重新认识，也让我初步地认识这个社会，对于以后做人所应把握的方向也有所启发！相信这些宝贵的经验会成为我今后成功的重要基石。

2. 团队合作精神非常重要。在这一周里，我们充分发挥了团队合作精神，在大家的共同努力下，很顺利地完成了老师布置的任务。从中，我们体会到了团队合作的快乐无边。真正感受到实战演练的针对性、侧重性。通过房地产的实训，我们充分认识到自身存在的不足，要想以后在这一行业上有所作为，只有在实践中不断提高自己，完善自己。

作为一名大二的学生，经过一年多的在校学习，对房地产业有了理性的认识和理解。在校期间，一直忙于理论知识的学习，没有机会也没有相应的经验来参与项目的开发。所以在实训之前，房地产对我来说是比较抽象的，一个完整的项目要怎么来分工以及完成该项目所要的基本步骤也不明确。而经过这次实训，让我明白一个完整的房地产开发流程，必须由团队来分工合作，并在每个阶段中进行必要的总结与论证。

这样的实训不只是考验一个人的能力，最主要是检验一个团队的凝聚力。我们不仅提高了自身的业务水平，而且也增强了我们的人际交往能力，让我们明白一个团队绝不是以一个人为中心的，需要大家的齐心协力。只有充分认识到这一点，我们这样的团队才是最强大的、最具竞争力的。

3. 建管专业需要学习房地产专业内容。作为建管专业的学生，我们不仅很好地学习了建筑工程管理方面的专业知识，而且又比较系统地学习了房地产专业所涉及的内容，这对于以后我们找到一份好工作，增加了筹码。虽然我们不是房地产专业的学生，但是能够接受这样全面系统的培训，的确，让我们增益颇丰。希望以后还能够拥有这样的机会。

4. 经过这次实训，我对房地产开发有了更深一步的了解与深入，对相应的工作流程认识也有了大大的提高。我感受最深的，还有以下几点：

其一、实训是对每个人综合能力的检验。要想做好任何事，除了自己平时要有一定的功底外，我们还需要一定的实践动手能力，操作能力。

其二、此次实训，我深深体会到了积累知识的重要性。俗话说："要想为事业多添一把火，自己就得多添一捆柴"。我对此话深有感触。

再次，"纸上得来终觉浅，绝知此事要躬行！"在短暂的实习过程中，让我深深地感觉到自己在实际运用中的专业知识还很匮乏，刚开始的一段时间里，对一些工作感到无从下手，茫然不知所措，这让我感到非常的难过。以前总以为自己学得不错，一旦接触到实际，才发现自己知道的是多么少，这时才真正领悟到"学无止境"的含义。这也许是我一个人的感觉。

5. 本次实训是走向社会的桥梁。"千里之行，始于足下"，这是一个短暂而又充实的实训，我认为对我走向社会起到了一个桥梁和过渡的作用，是人生的一段重要的经历，也是一个重要步骤，对将来走上工作岗位也有着很大帮助。向他人虚心求教，遵守组织纪律和单位规章制度，与人交往等一些做人处世的基本原则都要在实际生活中认真贯彻，好的习惯也要在实际生活中不断培养。这一段时间所学到的经验和知识大多来自陈老师的教导和同学们的关心，这是我一生中的一笔宝贵财富。在此次实训过程中我是阳光一公司的员工，其间的工作责任的重大让我深刻了解到，在工作中与同学保持良好的关系是很重要的。做事首先要学做人，要明白做人的道理，如何与人相处是现代社会做人的一个最基本的问题。

（3）房地产营销综合实训分享

就是对房地产营销综合实训中的收获与感悟、经验与教训与全部同学们一起分享，共同提高，放大本次实训的效果。

4. 实施要领

房地产营销综合实训总结与分享用时1天。教师要指导学生填写实训进度计划表1-1、考勤表1-3以及作业文件"综合实训项目学习活动任务单007：房地产营销综合实训总结与经验分享操作记录表（表2-48、表2-49）"。

（1）房地产营销综合实训总结要领

撰写房地产营销综合实训总结应注意的问题：

① 要有实事求是的态度。实训总结中，不能只讲收获，不谈问题，这不是实事求是的态度。总结要如实地、一分为二地分析、评价自己的实训情况，对收获、成绩，不要夸大；对问题和不足，不要轻描淡写。

② 总结要有理性认识。一方面，要抓主要矛盾，无论谈成绩或谈存在问题，都不要面面俱到。另一方面，对主要矛盾要进行深入细致的分析，谈成绩要写清怎么做的，为什么这样做，效果如何，经验是什么；谈存在问题，要写清是什么问题，为什么会出现这种问题，其性质是什么，教训是什么。这样的总结，才能对实训工作有所反思，并由感性认识上升到理性认识。

③ 总结要用第一人称。即要从本班级、本小组的角度来撰写。表达方式以叙述、议论为主，说明为辅，可以夹叙夹议。

④ 最重要的一点就是要把每一个要点写清楚，写明白。

（2）交流分享要领

① 要对实训总结进行精华提炼，找出有价值的东西与全班同学共同交流分享。

② 要有丰富多彩的展示，建议制作PPT。

③ 要有生动活泼的讲解，建议事先排练。

5. 作业任务及作业规范

（1）作业任务

实训7的作业任务是"房地产营销综合实训总结与经验分享"，具体内容见表2-47。

房地产营销综合实训总结与经验分享作业安排　　表2-47

日期	地点	组织形式	学生工作任务	学生作业文件	教师指导要求
		① 集中布置任务 ② 小组讨论、策划	① 实训总结 ② 实训交流分享	实训总结与经验分享	① 总结实训6 ② 布置实训7任务 ③ 组织讨论 ④ 指导业务过程 ⑤ 考核作业成绩

(2) 作业规范

实训 7 的作业规范，见综合实训项目学习活动 7：房地产营销综合实训总结与经验分享操作记录"题目 22～题目 23"。

综合实训项目学习活动任务单 007：

房地产营销综合实训总结与经验分享
操作记录表（表 2-48、表 2-49）

题目 22　实训总结　　　　　　　　　　　　　　　　　　　　　　表 2-48

操作内容	规 范 要 求
1. 实训的过程与内容	（1）实训基本过程：实训单位、实训任务、实训时间过程等；（2）实训内容：实训环节、做法等；（3）不超过 1000 字

续表

操作内容	规 范 要 求
1. 实训的过程与内容	

续表

操作内容	规 范 要 求
2. 实训的收获与体会	（1）成绩与经验；（2）不足与教训；（3）今后改进打算和建议措施；（4）实事求是

注：可续页。

题目 23　实训交流分享　　　　　　　　　　　表 2-49

操作内容	规　范　要　求
1. 从实训总结中提炼有价值的东西	（1）实训中的收获与感悟；（2）经验与教训；（3）不少于 5 个方面

续表

操作内容	规 范 要 求
2. 制作丰富多彩的PPT	(1) 图文并茂,要点突出;(2) 不超过30页
3. 生动活泼的讲解	(1) 主讲1人;(2) 团队成员补充;(3) 不超过10分钟

注:可续页。

6. 实训考核

主要是形成性考核。由实训指导教师对每一位学生这一阶段的实训情况进行过程考核，根据学生上交的作业文件"综合实训项目学习活动任务单007：房地产营销综合实训总结与经验分享操作记录表（表2-48、表2-49）"2个题目的完成质量，参照学生参与工作的热情、工作的态度、与人沟通、独立思考、讨论时的表现、综合分析问题和解决问题的能力、出勤率等方面情况综合评价学生这一阶段的学习成绩，把考核成绩填写在表2-52中。

实训 7+ 房地产营销实训收尾结束工作

1.《房地产营销综合实训报告（作业文件）》

《房地产营销综合实训报告（作业文件）》是由7项实训活动25个题目作业文件组合而成。《房地产营销综合实训报告（作业文件）》电子稿的内容目录如下：

目录

一、房地产营销项目背景与市场营销环境分析报告
1. 营销项目背景与地理位置图
2. 当地城市房地产营销环境分析

二、房地产项目市场分析与营销战略策划方案
3. 房地产项目市场调研与预测
4. 房地产项目市场细分与目标市场选择
5. 房地产项目市场定位策划

三、房地产项目营销策略组合策划方案
6. 项目产品组合策划方案
7. 项目楼盘产品价格策划方案
8. 项目营销渠道策划方案
9. 房地产项目促销推广策划方案

四、房地产项目楼盘营销计划与组织方案
10. 房地产项目楼盘营销计划
11. 房地产项目楼盘营销组织方案

五、房地产项目楼盘营销计划执行与销售控制管理方案
12. 房地产项目楼盘营销计划执行与控制方案
13. 房地产项目楼盘销售管理方案
14. 售楼处管理方案

六、房地产项目楼盘销售业绩分析与售后服务方案
15. 项目楼盘销售额计算与营销业绩分析
16. 项目楼盘售后服务方案

七、实训总结与经验分享

《房地产营销综合实训报告（作业文件）》电子稿的内容按目录标号整理，把原来的表格拿掉，提取出表格内的内容即可。

2. 综合实训作业文件验收与归档

（1）综合实训作业文件验收合格标准。具体验收合格标准见表2-50。

综合实训作业文件验收合格标准　　　　　　　　　　　　　　表2-50

任务与作业	验收标准
分组讨论	无迟到、旷课 口头交流叙述流畅，观点清楚，表达简单明了 独立学习、检索资料能力强，有详细记录
项目经营环境与市场分析（任务单001）	正确分析项目与市场，书面表达清晰 草绘图结构形状正确、尺寸合理
地块项目市场定位（任务单002）	市场定位正确，书面表达清晰
地块投资与风险分析（任务单003）	地块投资与风险分析正确、表达清晰
地块规划设计与产品组合策划（任务单004）	地块规划与项目产品策划方案正确、表达清晰、套型简图合理
地块项目开发管理（任务单005）	项目开发管理方案正确、表达清晰
地块楼盘营销策划（任务单006）	产品定价方案正确、表达清晰、销售渠道模式合理 VI设计方案正确，书面表达清晰、简图合理 行销策划方案正确，书面表达清晰 楼盘售后服务与交付方案正确，书面表达清晰
地块开发经营分析（任务单007）	地块开发经营分析正确、表达清晰
总体开发策划	思路清晰、结构合理、形式美观、任务执行正确

（2）综合实训单项验收评价表

根据"第1章　表1-5 房地产营销业务综合实训考核标准"，填写"综合实训单项验收评价表"，见表2-51。

综合实训单项验收评价表　　　　　　　　　　　　　　表2-51

班级：　　　　　　组别：　　　　　　姓名：　　　　　　指导教师：

实训名称：房地产营销业务综合实训

任务单号	应交作业文件	验收评价档次			
		优秀	良	合格	不合格
001	房地产营销项目背景与市场营销环境分析				
002	房地产项目市场分析与营销战略策划				
003	房地产项目营销策略组合策划				
004	房地产项目楼盘营销计划与组织				
005	房地产项目楼盘营销计划执行与销售控制管理				
006	房地产项目楼盘销售业绩分析与售后服务				
007	房地产营销实训总结与经验分享方案				

续表

任务单号	应交作业文件	验收评价档次			
		优秀	良	合格	不合格
项目操作方案	《房地产营销综合实训报告（作业文件）》				
验收综合评价档次					
验收评语	验收教师（签名）： 年　月　日				

3. 综合实训成绩

综合实训成绩，根据综合实训单项验收评价表，填写综合实训成绩评分表，见表2-52。

综合实训成绩评分表　　　　　　表2-52

班级：　　　　　　组别：　　　　　　姓名：　　　　　　指导教师：

任务单号	小组讨论（10%）	过程评价（20%）	任务单成绩（40%）	完成成果（30%）	小结	比例
001						10%
002						20%
003						15%
004						10%
005						5%
006						5%
007						5%
营销业务操作方案	思路清晰性（0～20）	结构合理性（0～20）	任务正确性（0～40）	形式美观（0～20）		30%
总成绩						

下篇　房地产营销业务技能竞赛

房地产营销业务技能竞赛的任务是，检验学生的房地产营销业务操作能力和职业素养以及综合职业能力，使房地产专业学生在激烈的市场竞争氛围中适应房地产营销业务竞争环境，掌握较强的房地产营销业务操作能力，毕业后能够快速投入房地产营销业务工作。本篇重点介绍了房地产营销业务技能竞赛的准备工作和房地产营销业务技能竞赛过程。

第 3 章　房地产营销业务技能竞赛准备

房地产营销业务技能竞赛的成败取决于其准备工作。本章从房地产营销业务技能竞赛的目的、意义和原则，房地产营销业务竞赛依据标准与竞赛内容、竞赛规则、竞赛组织以及竞赛平台等 5 个方面介绍了房地产营销业务技能竞赛的准备工作。

3.1　房地产营销业务竞赛目的、意义和原则

1. 赛项目的

（1）对接房地产行业企业需求，提高房地产经营与估价专业学生的核心技能。

（2）推进房地产经营与估价专业"教、学、考、做、赛"五位一体的教育教学改革，实现房地产职业教育"工学结合、学做合一"。

（3）推进沟通交流，为参赛院校搭建取长补短的平台，推动高职院校房地产经营与估价专业教学能力水平的整体提升。

（4）推进参赛院校房地产实训基地建设，打造高职院校为房地产行业、企业培训员工的平台，提高房地产经营与估价专业服务社会的能力。

（5）展示参赛选手在房地产业务竞赛中表现出的专业技能、工作效率、组织管理与团队协作等方面的职业素养和才华。

（6）吸引房地产行业企业参与，促进校企深度融合，提高房地产经营与估价专业教育教学的社会认可度。

（7）服务参赛学生，提供参赛学生与企业现场沟通的机会。

2. 赛项意义

（1）发挥大赛引领和评价作用，推进高职院校房地产经营与估价专业建设和教学改革。

（2）提升房地产业务技能大赛的社会影响，开创人人皆可成才、人人尽展其才的生动局面。

(3) 提升高职房地产经营与估价专业服务经济发展方式转变和产业结构调整的能力。
(4) 提升高职房地产经营与估价专业服务房地产企业的能力。
(5) 通过房地产业务技能大赛展示教学成果、转化教学资源。

3. 赛项设计原则

(1) 以房地产营销核心业务技能设计竞赛内容。以目标业务要求的技术技能综合运用水平、比赛任务完成质量以及选手素质水平作为评判依据，设计比赛的形式、内容。

(2) 对接房地产产业需求。大赛与房地产产业发展相同步，竞赛内容和标准对接房地产行业标准和房地产企业技术发展水平。

(3) 坚持行业指导、企业参与。以赛项专家组为核心、以房地产行业企业深度参与为支撑，组织赛事，以理实一体的方式体现房地产职业岗位对选手理论素养和操作技能的要求。

(4) 采用团体赛。每个参赛队 3 人，比赛包含了对团队合作水平的考察内容。只设置团体奖，不设置个人奖。

(5) 现场比赛与体验环节统一设计。赛前 30 天公开发布与竞赛相关理论素养内容，促进选手理论知识学习。不单独组织封闭的理论考试，将理论素养水平测试融入比赛内容，充分体验房地产经营环境与市场竞争。

(6) 大赛项目与房地产营销综合实训项目融合。不以单一技能作为比赛内容。

(7) 公平、公正、公开，保持客观性。比赛邀请行业企业专家观摩，除技能表演外，主要通过计算机软件实现竞赛过程，排除人为干扰因素。

3.2 房地产营销业务竞赛依据标准与竞赛内容

1. 赛项依据标准

房地产营销业务竞赛遵循的标准主要是房地产行业、职业技术标准，有 6 个方面：

(1) 住房和城乡建设部、人力资源和社会保障部联合发布的《全国房地产经纪人资格考试大纲（第五版）》。

(2) 住房和城乡建设部、人力资源和社会保障部联合发布的《房地产经纪人协理资格考试大纲（2013）》。

(3) 住房和城乡建设部、国家发展和改革委员会、人力资源和社会保障部联合发布的《房地产经纪管理办法（2011 第 8 号令）》。

(4) 人事部、建设部联合发布的《房地产经纪人员职业资格制度暂行规定（2001）》《房地产经纪人执业资格考试实施办法（2001）》。

(5) 房地产估价师与房地产经纪人学会制订的《房地产经纪执业规则（2013）》。

(6) 相关法律

①《中华人民共和国城市房地产管理法》；
②《中华人民共和国土地管理法》；
③《中华人民共和国城市规划法》；
④《中华人民共和国住宅法》；
⑤《中华人民共和国建筑法》；
⑥《中华人民共和国环境保护法》。

2. 竞赛内容

竞赛主要着眼于房地产职业素质测评,主要包括房地产营销基础知识的掌握,房地产营销业务流程的设计与操作,房地产从业人员的职业道德等,全面评价一个团队对房地产职业能力的理解、认识和掌握。同时,竞赛还注重对房地产专业核心技能及相关拓展技能的考核,在考核专业能力的同时,兼顾方法能力、社会能力。房地产营销业务技能竞赛内容主要包括住宅项目、商业项目营销业务的综合技能,具体竞赛知识面与技能点见表3-1。房地产营销业务竞赛是在网络计算机上完成,业务竞赛时间是2小时。

竞赛知识面与技能点　　　　　　　　　　　表 3-1

竞赛类别与所需时间	竞赛知识面	竞赛技能点
房地产营销业务竞赛（2小时）	1. 房地产营销基础知识	1. 房地产住宅项目市场分析与定位策划 2. 住宅项目营销方案策划（产品策划、价格策划、推广策划等） 3. 住宅项目营销策划方案实施 4. 促销手段应用 5. 营销成本控制 6. 营销业绩分析
	2. 房地产营销策划基础知识	
	3. 房地产市场营销环境分析	
	4. 房地产项目市场分析与定位策划	
	5. 房地产项目产品策划	
	6. 房地产项目价格策划	
	7. 房地产项目营销渠道策划	
	8. 房地产项目促销推广策划	
	9. 房地产营销计划组织与控制策划	
	10. 房地产销售管理策划	
	11. 住宅项目全程营销策划	
	12. 商业项目全程营销策划	

3.3 房地产营销业务竞赛规则

1. 竞赛时间安排

竞赛分为两段:

(1) 上半段为技能表演,如住宅营销业务表演等,技能表演内容围绕房地产营销业务,由参赛队任意选取,时间8分钟,表演人员仅限于参赛学生和指导教师。

(2) 下半段为技能对抗赛,时间为2小时,在网络竞赛平台上完成。

2. 竞赛流程

房地产营销业务技能竞赛流程,见图3-1。

3. 评分标准制订原则、评分方法、评分细则

(1) 评分标准制订原则。计分对象只计团体竞赛成绩,不计参赛选手个人成绩。房地产营销业务综合技能竞赛成绩总分是110分,其中技能表演10分,技能对抗赛100分。

(2) 评分办法

① 技能表演得分,由评委综合打分,加权平均给出。

② 技能对抗赛得分,由计算机根据竞赛流程和竞赛规则自动评判。

(3) 评分细则

① 技能表演评分细则。按表演主题、语言、动作、感染力、难度各占20%打分。

② 技能对抗赛评分细则。房地产营销业务技能竞赛得分按营销业务取得的净利润金额折算。评分公式：得分＝[(本组净利润－最低净利润)×100]/(最高净利润－最低净利润)，排行最后(最低净利润)的参赛队得分为 0。

4. 参赛选手

(1) 参赛选手应认真学习领会竞赛相关文件，自觉遵守大赛纪律，服从指挥，听从安排，文明参赛。

(2) 参赛选手请勿携带与竞赛无关的电子设备、通信设备及其他相关资料与用品。

(3) 参赛选手应提前 15 分钟到达赛场，凭参赛证、身份证检录，按要求入场，在指定位置就座，不得迟到早退。竞赛位抽签决定。

(4) 参赛选手应增强团队意识，严格执行房地产业务竞赛流程，科学合理分工与合作，预测可能出现的问题并采取相应对策。

(5) 在竞赛过程中，如有疑问，参赛选手举手示意，裁判长应按照有关要求及时予以答疑。如遇设备或软件等故障，裁判长、技术人员等应及时予以解决。确因计算机软件或硬件故障，致使操作无法继续的，经裁判长确认，予以启用备用计算机。

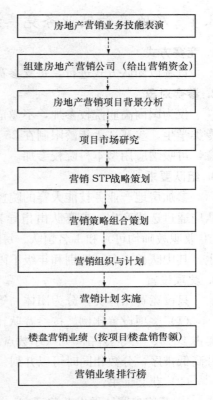

图 3-1　房地产营销业务技能竞赛流程

(6) 参赛队若在规定的竞赛时间内未完成比赛，按实际完成情况计算成绩。

(7) 竞赛时间终了，选手应全体起立，结束操作，经工作人员许可后方可离开赛场，离开赛场时不得带走任何资料。

(8) 参赛代表队若对赛事有异议，可由领队向大赛组委会提出书面申诉。

5. 申诉与仲裁

(1) 申诉

① 参赛队对不符合竞赛规定的设备、工具、软件，有失公正的评判、奖励，以及对工作人员的违规行为等，均可提出申诉。

② 申诉应在竞赛结束后 2 小时内提出，超过时效将不予受理。申诉时，应由参赛队领队向大赛仲裁委员会递交书面申诉报告。报告应对申诉事件的现象、发生的时间、涉及的人员、申诉依据与理由等进行充分、实事求是的叙述。事实依据不充分、仅凭主观臆断的申诉将不予受理。申诉报告须有申诉的参赛选手、领队签名。

③ 申诉人不得无故拒不接受处理结果，不允许采取过激行为刁难、攻击工作人员，否则视为放弃申诉。

(2) 仲裁

① 大赛采用仲裁委员会仲裁机制，仲裁委员会的仲裁结果为最终结果。

② 大赛仲裁委员会收到申诉报告后，应根据申诉事由进行审查，3 小时内书面通知申诉方，告知申诉处理结果。

3.4 房地产营销业务竞赛组织

1. 竞赛方式

竞赛以团队方式进行，每支参赛队由 3 名选手组成，其中队长 1 名。

2. 参赛对象

仅为国内高职院校参加，不邀请境外代表队参赛。参赛选手应为高等学校在籍高职高专类学生，参赛选手年龄限制在 25 周岁（当年）以下。特殊情况下，经过大赛举办方同意，可吸纳应用型本科院校参加。

3. 组队要求

参加房地产业务技能大赛的院校应按竞赛内容组队，每个院校只允许报一个队，参赛队应通过选拔产生。参赛队由指导教师和参赛选手组成。每个参赛队可配 1 名指导教师（专兼职教师均可）和 1 名领队。每个参赛队选手 3 人（不设备选队员），须为同校在籍学生，其中队长 1 名，性别和年级不限。

4. 奖项设置

只设竞赛团体奖，分为团体一等奖、团体二等奖、团体三等奖。

（1）奖项设置比例。按参赛队比例设置奖项。其中一等奖占参赛队数的 10%、二等奖占 20%、三等奖占 30%（小数点后四舍五入）。奖项评定根据各参赛队竞赛成绩，以得分高低排序，分数相同时可以并列。

（2）获奖证书

① 获奖参赛队颁发获奖证书。

② 获奖参赛队的指导教师颁发优秀指导教师证书。

5. 大赛筹备工作人员及裁判（评委）、仲裁人员组成

（1）大赛筹备工作人员组成

① 策划协调 1~2 人。

② 专业技术组：10 人左右，由行业、企业专家和学校教师组成，负责竞赛流程研讨、赛项设计、题目设计。

③ 赛务组：6 人以上，负责参赛队联络、媒体联络、大赛宣传，竞赛运行环境构建和后勤保障。

（2）成立大赛裁判（评委）委员会，裁判人员由行业、企业专家和学校教师组成，5 人左右。

（3）成立大赛仲裁委员会，仲裁人员由行业、企业专家和学校教师组成，3 人左右。

3.5 房地产营销业务竞赛平台功能简介

1. 房地产营销业务技能竞赛平台要求

能够按开营销公司（给出营销资金）、房地产营销项目背景分析、项目市场研究、目标市场选择、营销战略策划、营销策略组合策划、营销组织与计划、营销计划实施、营销业绩分析等流程竞赛，自动给出排行榜。第四届全国大学生房地产营销竞赛部分成绩见图 3-2。

目标市场	市场定位	住宅面积	住宅销售额	住宅均价	商铺销售额
高收入人群	高档	562450.0	8436750000.00	15000.00	344700000.00
高收入人群	高档	562486.62	8437299300.00	15000.00	345210000.00
中等收入人群	中档	562486.62	6749839440.00	12000.00	345210000.00
中等收入人群	中档	562486.62	6749839440.00	12000.00	345210000.00
中等收入人群	中档	562486.62	6749839440.00	12000.00	345210000.00
中等收入人群	中档	562483.2	6749798400.00	12000.00	345000000.00
中等收入人群	中档	562478.96	6749747520.00	12000.00	345000000.00
中等收入人群	中档	562460.0	6749520000.00	12000.00	345000000.00
中等收入人群	中档	562480.0	6749760000.00	12000.00	344400000.00
中等收入人群	中档	562481.0	6749772000.00	12000.00	345210000.00
中等收入人群	中档	562280.0	6747360000.00	12000.00	343200000.00
中等收入人群	中档	562800.0	6753600000.00	12000.00	335805000.00
中等收入人群	中档	562234.0	6746808000.00	12000.00	345201000.00
中等收入人群	中档	562400.0	6748800000.00	12000.00	190670000.00
中等收入人群	中档	562483.2	6749798400.00	12000.00	180400000.00
中等收入人群	中档	551440.0	6617280000.00	12000.00	345000000.00

图 3-2　第四届全国大学生房地产营销竞赛部分成绩

2. 业务竞赛与综合实训的关系

房地产营销业务竞赛是从房地产营销综合实训中提取出来的，比实训特别的地方有 6 点：

（1）进入业务竞赛之前需技能表演。
（2）业务涉及的知识更全面。
（3）时间更紧，完成整个竞赛的时间有严格限制。
（4）资金使用更加紧张。
（5）市场竞争更加激烈，对学生技能要求更高。
（6）要求学生之间的团队配合更和谐、默契。

3.6　竞赛过程管理规范

竞赛过程管理包括对参赛学生、竞赛资源库等进行管理。
（1）参赛学生登录账号管理。
（2）学生分组。
（3）竞赛资源录入。
（4）营销项目及房地产市场信息管理。
（5）竞赛成绩统计。

第 4 章 房地产营销业务技能竞赛实施过程

本章从房地产营销业务技能表演、组建房地产营销公司、房地产营销项目背景分析与市场研究、目标市场选择与营销战略定位策划、营销策略组合策划、营销组织计划与实施、销售分析、营销业绩排行榜等 8 个步骤介绍了房地产营销业务技能竞赛的操作内容。

步骤 1 房地产营销业务技能表演

1. 技能表演形式

技能表演形式有答题冲关、住宅项目营销业务表演、商业项目营销业务表演等。技能表演内容围绕房地产营销业务,由参赛队任意选取,如楼盘产品展示、客户接待等,精心编排。

2. 技能表演时间

技能表演时间 8 分钟,表演人员仅限于参赛学生和指导教师。

3. 技能表演评分

技能表演由评委(裁判)综合打分,加权平均给出。技能表演评分细则,按表演主题、语言、动作、感染力、难度各占 20%打分。

步骤 2 组建房地产营销公司

房地产营销业务技能竞赛以团队方式进行,每支参赛队由 3 名选手组成,计分对象只计团体竞赛成绩,不计参赛选手个人成绩。所以,要组建房地产营销公司,以营销公司为团队进行比赛。参赛学生按给定的账号登录竞赛平台,选定预先抽到的营销公司进入竞赛,即为成功组建了房地产营销公司。每个组建房地产营销公司初始条件是一样的,给出的自有营销资金也是一样的,见图 4-1。

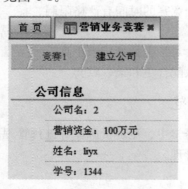

图 4-1 组建房地产营销公司

步骤 3 房地产营销项目背景与市场营销环境分析

1. 房地产营销项目背景分析

① 根据竞赛项目简介,分析房地产营销项目背景。

② 正确录入营销项目，并提交到竞赛系统。
2. 房地产房地产营销环境分析
① 市场需求产品类型，包括住宅、商铺、车位等。
② 市场需求价格行情，包括住宅、商铺、车位等市场需求价格与需求量行情。

步骤 4　房地产项目市场分析与营销战略策划

1. 房地产项目市场细分与目标市场选择
　　根据房地产市场需求行情，进行房地产项目市场细分，选择项目的目标市场，如高端市场、中端市场、低端市场。
2. 地块营销楼盘市场定位
　　根据选定的目标市场，进行地块营销楼盘市场定位，如高端楼盘、中端楼盘、低端楼盘。

步骤 5　房地产项目营销策略组合策划

1. 项目产品组合策划
① 根据营销楼盘市场定位，进行产品定位，如高档产品、中档产品、低档产品。
② 产品组合包括：产品品种组合，如住宅、商铺、写字楼等；数量比例组合等。
③ 检查验算提交产品组合。
2. 项目楼盘产品价格策划
　　根据市场需求行情，设计产品价格，包括刚性需求价格、促销价格等。
3. 房地产项目促销推广策划
　　设计促销组合方式，合理分配广告、人员推销、营业推广、公共关系等促销资金。

步骤 6　房地产项目楼盘营销计划执行

1. 提交产品销售
　　按照设计好的营销项目的产品组合表，如住宅、商铺、车位等产品，提交销售。
2. 促销销售
　　对没有在刚性需求市场销售完的产品，采用促销手段销售，直至用完营销资金。
3. 降价销售
　　对没有在促销阶段销售完的尾盘进行降价销售。
4. 查看成交总额
　　所有产品全部销售完成后，查看成交总额。

步骤 7　房地产项目楼盘销售业绩分析

1. 项目楼盘销售额计算
　　当计算机自动计算项目楼盘各产品的销售额后，要计算项目楼盘销售总额。
2. 销售业绩分析
① 计算实际容积率。
② 按住宅、商铺、车位等产品计算销售额或均价。

③ 计算销售总额，分析销售执行情况和销售佣金。
④ 将分析的具体数据录入计算机内，见图 2-17。

与计算机自动计算的结果比对，全部正确后才可以提交保存。如果填写的销售分析数据与计算机计算不一致则不能提交成功，要反复计算直到数据正确、提交成功。

步骤 8　营销业绩排行榜

销售业绩分析成功提交后或竞赛时间到，竞赛结束，计算机会自动统计每个公司的总销售额，自动给出竞赛得分和排行榜。

参考文献

[1] 陈林杰,周正辉.房地产营销与策划[M].北京:中国建筑工业出版社,2014.
[2] 陈林杰.房地产开发与经营实务(第4版)[M].北京:机械工业出版社,2017.
[3] 陈林杰.房地产经纪实务(第3版)[M].北京:机械工业出版社,2017.
[4] 陈林杰,曾健如,罗妮.房地产开发综合实训(含竞赛)[M].北京:中国建筑工业出版社,2014.
[5] 陈林杰,黄国全,李涤怡.房地产营销综合实训(含竞赛)[M].北京:中国建筑工业出版社,2014.
[6] 陈林杰,樊群.房地产经纪综合实训(含竞赛)[M].北京:中国建筑工业出版社,2014.
[7] 住房和城乡建设部.全国房地产经纪人资格考试大纲(第五版)[M].北京:中国建筑工业出版社,2010.
[8] 栾淑梅.房地产市场营销实务[M].北京:机械工业出版社,2010.
[9] 陈港.房地产营销概论[M].北京:北京理工大学出版社,2010.
[10] 栾淑梅,卓坚红.房地产销售实务[M].北京:科学出版社,2010.
[11] 汤鸿,纪昌品.房地产策划技术与案例分析[M].南京:东南大学出版社,2008.
[12] 张敏莉.房地产项目策划[M].北京:人民交通出版社,2007.
[13] 杨思思.住宅项目策划攻略[M].北京:中国建筑工业出版社,2009.
[14] 徐小慧.房地产市场调查与预测[M].北京:科学出版社,2009.
[15] 刘鹏忠.房地产市场营销[M].北京:人民交通出版社,2007.
[16] 廖志宇.房地产定位案头手册[M].北京:中国电力出版社,2008.06.
[17] 郑华.房地产市场分析方法[M].北京:电子工业出版社,2005.
[18] 陈林杰,周正辉,曾健如,樊群.全国房地产业务技能大赛的设计与实践[J].建筑经济,2014,35(12):32-36.
[19] 陈林杰.我国房地产专业人员的职业分类与分级管理[J].产业与科技论坛,2014(18):206-207.
[20] 陈林杰,周正辉.我国房地产开发专业人员职业标准研究[J].中外企业家,2015(24).
[21] 陈林杰,徐治理.我国房地产营销师职业标准研究[J].中外企业家,2015(27).
[22] 陈林杰,韩俊.我国房地产经纪人职业标准研究[J].中外企业家,2015(25):165.
[23] 陈林杰,梁慷.验房师职业标准研制与职业能力评价[J].建筑经济,2016,37(1):109-114.
[24] 陈林杰,曾健如,周正辉,李涛.房地产经营与估价人才专科教育现状与发展对策[J].建筑经济,2014(8):27-31.
[25] 陈林杰.房地产业务技能大赛引领下的专业教学改革与实践[J].科技视界,2014(27):47.
[26] 陈林杰.房地产专业教学做赛一体化教学方法改革与实践[J].中外企业家,2014(28):215-216.
[27] 陈林杰.聚焦职业标准打造房地产专业技能核心课程群的改革与实践[J].产业与科技论坛,2014(16):168-169.
[28] 陈林杰.房地产专业"全渗透"校企合作办学模式的探索与实践[J].中外企业家,2014(25):226.
[29] 陈林杰.房地产专业订单式培养的课程与教学内容体系改革的探索与实践[J].科技信息.2012(27):31.
[30] 陈林杰.房地产项目营销策划流程、内容与模式选择[J].基建管理优化,2013(4):5-8.

[31] 陈林杰. 商业地产项目的营销策划[J]. 基建管理优化, 2014(4)：22-25.
[32] 陈林杰. 商业地产项目运营模式与运作技巧[J]. 基建管理优化, 2012(3)：20-22.
[33] 陈林杰. 房地产网络营销的特点及方法分析[J]. 基建管理优化, 2016(3)：8-11.
[34] 陈林杰. 房地产电商的类型特点及应用探索[J]. 产业与科技论坛, 2015(11)：176-177.
[35] 陈林杰. 我国房地产行业发展进入新常态分析[J]. 基建管理优化, 2015(1)：2-5.
[36] 陈林杰. 房地产项目一二手联动营销方法及其发展分析[J]. 基建管理优化, 2015(3)：2-4.
[37] 陈林杰, 郭井立. 中国新兴地产现状及其发展前景[J]. 基建管理优化, 2015(4)：9-11.
[38] 陈林杰, 郭井立. 中国新兴商业地产运作策略[J]. 基建管理优化, 2016(1)：2-6.
[39] 陈林杰. 新兴农业地产内涵与农业社区开发模式分析[J]. 基建管理优化, 2016(2)：2-5.
[40] 陈林杰. 房地产大型项目开发理念、流程与模式选择[J]. 基建管理优化, 2014(1)：22-26.
[41] 陈林杰. 中国产业自主创新能力评价模型的研究与实证分析[J]. 改革与战略, 2008, 24(11)：168-170.
[42] 陈林杰. 统筹城乡发展应规划设计居住区[J]. 上海房地. 2008(12)：45-47.
[43] 陈林杰. 金融危机的影响机理与房地产企业应对战略[J]. 南京工业职业技术学院学报. 2010, 10(1)：4-7.
[44] 陈林杰. 房地产企业实施多元化战略的方法研究[J]. 基建管理优化, 2011(2)：32-36.
[45] 陈林杰. 房地产企业战略调整的影响因素与调整方向研究[J]. 基建管理优化, 2010(1)：23-26.
[46] 陈林杰. 调控住房价格是一项系统工程[J]. 商场现代化. 2007(13)：41-42.
[47] 张新生. 构建我国供需平衡房地产市场的思考[J]. 商业时代. 2013(29)：125-126.
[48] 张莹. 房地产行业现状、趋势分析与建议[J]. 天津经济. 2013(3)：36-38.
[49] 张元端. 略论住宅品质的提高[J]. 中国房地信息, 2004(3)：3-5.
[50] 王凡. 房地产企业整合营销战略研究[J]. 北方经济. 2008(1)：87-88.
[51] 郝婷. 房地产品牌战略实施策略探讨[J]. 科技与管理, 2007, 9(3)：52-54.
[52] 商国祥. 房地产企业实施品牌战略需关注的问题[J]. 上海房地. 2007(3)：58-59.
[53] 周巍. 我国房地产品牌战略实施路径[J]. 山西财经大学. 2008(s1)：53-54.
[54] 田宝江. 生态和谐——居住区规划设计理念创新[J]. 城市建筑. 2007(1)：6-8.
[55] 宋春华. 品质人居的绿色支撑[J]. 建筑学报, 2007(12)：4-7.
[56] 崔显坤、王全良、邵莉. 人文社区绿色之城—济南田园新城规划[J]. 建筑学报, 2007(4)：47-52.
[57] 中国房地产行业网[OL]. http://www.cingov.com.cn/index.asp
[58] 中国建筑经济网[OL]. http://www.coneco.com.cn/
[59] 中国房地产信息网[OL]. http://www.realestate.cei.gov.cn
[60] 房地产门户——焦点房产网[OL]. http://house.focus.cn/
[61] 中国房地产门户网站——搜房地产网[OL]. http://www.soufun.com/
[62] 房产新华网[OL]. http://www.xinhuanet.com/house/
[63] 安居客[OL]. http://www.anjuke.com/
[64] 新浪乐居[OL]. http://house.sina.com.cn/
[65] 网易房产[OL]. http://house.163.com/
[66] 腾讯房产[OL]. http://house.qq.com/
[67] 网易房产频道[OL]. http://nj.house.163.com/
[68] 江苏土地市场网[76]http://www.landjs.com
[69] 南京房地产专业网站[OL]. http://www.e-njhouse.com/
[70] 南京网上房地产[OL]. http://www.njhouse.com.cn/

[71] 365地产家居网[OL]. http://www.house365.com/
[72] 南京市房产局网站[OL]. http://www.njfcj.gov.cn/
[73] 南京市国土资源局网站[OL]. http://www.njgt.gov.cn/
[74] 万科公司网站[OL]. http://sh.vanke.com
[75] 恒大地产网站[OL]. http://www.evergrande.com/
[76] 万达公司网站[OL]. http://www.wanda.com.cn/
[77] 保利地产网站[OL]. http://www.gzpoly.com/index.asp
[78] SOHO中国网站[OL]. http://www.sohochina.com/
[79] 栖霞建设网站[OL]. http://www.chixia.com/